대단한 기업의 만만한
성공 스토리

대단한
기업의
만만한
성공 스토리

대기만성

인재광 지음

2024-2025 투자자를 위한
대한민국 기업 트렌드

기업 역사를 알아보는 것이 주식 투자 성공의 지름길

주식 투자는 기업과 시간에 투자해서 기업의 성과를 공유하는 행위다. 하지만 어떤 기업은 단순 기대치로 주가가 오르기도 하고, 또 어떤 기업은 안정적으로 돈을 많이 버는데도 불구하고 시장에서 평가를 받지 못하는 경우도 많다. 이 또한 시장 참여자들이 만들어내는 과정이다. 여기서 큰 역할을 하는 사람들은 기업의 지배주주와 경영진이다. 그들의 이해관계에 따라 주가의 흐름이 결정되는 경우가 많다.

안재광 기자가 이 책에서 다룬 기업 스토리는 그 경영진과 지배주주에 대한 것이다. 18년간 기업 취재 노하우를 바탕으로 한 안재광 기자의 혜안이 이 책에 녹아들어 있다. 어떤 과정을 거쳐서 기업이 성장하고 발전했는지, 그에 따라 주가는 어떻게 변해 왔는지 알기 쉽고 재미있게 잘 썼다.

주식 투자로 성공하고자 한다면 그동안 시장을 선도한 기업의 역사를 알아보는 게 지름길이다. 주식 투자자뿐만 아니라 기업에 대해 알고 싶은 사람이라면 일독할 것을 강력하게 추천한다.

박영옥(주식농부) | 스마트인컴 대표

투자에 앞서 반드시 펼쳐봐야 할 책

투자란 남들이 보지 못하는 부분을 먼저 볼 때 보상을 얻는 의사결정이다. 그러려면 남보다 많이 알고 있는 분야가 반드시 있어야 한다. 이런 준비도 없이 마치 투자를 '오늘의 운세' 보듯 하는 사람들도 주위에 흔한 것 같다.

그런 의미에서 안재광 기자가 이번에 출간한 《대단한 기업의 만만한 성공 스토리》는 무척이나 반갑다. 다양한 기업을 두루 다루면서 해당 기업이 주목받는 이유와 함께 재미있는 에피소드까지 소개하고 있다. 여기에 일반인의 눈높이에 맞춰 알기 쉽게 쓴 문장의 전달력도 뛰어나다. 개인 투자자가 투자 지식을 정리하는 데 이 책이 큰 도움이 될 것이다.

안재광 기자를 여러 해 동안 알고 지냈는데, 그의 기업에 대한 식견과 통찰력은 여느 애널리스트나 펀드매니저에 뒤지지 않는다. 투자에 앞서 반드시 이 책을 펴보길 권한다.

김학주 | 한동대 ICT창업학부 교수

시장과 기업을 보는 새로운 시각

혁신적인 신성장 산업 투자로 성공한 기업들은 자신만의 비전과 열정을 가지고 새로운 분야에 도전해 글로벌 시장에서 성과를 거둔 독특한 이야기를 갖고 있다.

자본시장이 지정학, 경제, 정치 등 다양한 요인에 의해 불안정한 상황에서도 수많은 기업과 기업가들이 신성장 산업에 주목해 혁신과 미래에 대한 투자에 꾸준히 힘쓰고 있다. 이는 한국의 산업 성장과 경제 발전에 의미 있는 일이다. 문제는 사람들 대부분이 그 내용을 알기 어렵고, 설령 안다고 하더라도 의미 있는 정보로 활용하기 어렵다는 데 있다.

안재광 기자가 처음 한경 코리아마켓에서 〈대기만성's〉 프로젝트를 시작할 때 제게 토로했던 걱정과 두려움은 기우였음을 증명하는 데에는 오랜 시간이 필요하지 않았다. 이 책에 가득 담긴 기업 사례는 경제와 기업에 대해 잘 모르는 사람들에게조차 새로운 시각을 제공한다. 자본시장 전문가인 나도 시간 가는 줄 모르고 단숨에 읽었을 만큼 깊이와 재미도 있다.

윤병운 | NH투자증권 사장

재미와 깊이, 기업에 대한 알짜 정보가 가득

정보는 필연적으로 딱딱하게 느껴질 수밖에 없다. 대상이 기업이라면 더더욱 그렇다. 하지만 안재광 기자는 이러한 통념을 비웃기라도 하듯 기업 정보를 자유자재로 가지고 놀며 말랑말랑한 이야기로 빚어냈다. 기업 분석을 전문적으로 하는 나조차 이 책을 읽으면서 '이 회사에 이런 일이 있었다고?'라는 생각이 들 정도로 그 깊이 또한 얕지 않았다. 많은 독자가 이 책을 통해 기업에 대한 알짜 정보를 습득할 수 있길 바란다.

최준철 | VIP자산운용 대표

들어가며

유튜브 세상에 뛰어든 것은 2021년 여름이었습니다. 한국경제신문은 신문 제작뿐만 아니라 영상 제작에도 열심인데요. 회사에서 저를 영상 제작 부서로 발령을 냈습니다. 한경 코리아마켓이란 채널을 더 활성화하는 게 제 임무였어요.

한국경제신문의 유튜브 채널은 크게 세 가지가 있는데요. 전부 합치면 구독자가 125만 명(2024년 4월 기준)을 넘습니다. 신문사 유튜브 채널 중에선 단연 앞서간다고 할 수 있습니다. 이 가운데 한경 코리아마켓은 주로 투자 정보 콘텐츠를 내보내고 있는데, 여기에 들어갈 영상을 만들어야 했습니다.

우선 다른 비슷한 채널과 차별화할 지점부터 찾아봤습니다. 투자하는 분들이 가장 많이 보는 콘텐츠는 잘 알려진 전문가를 인터뷰하거나 유망 종목을 추천하고 분석하는 영상이었습니다. 또는 미국의 금리와 환율 등 거시경제를 해설하는 영상도 많았습니다. 여기서 하나 빠진 게 보였는데요. 투자할 때 가장 중요한 기업과 산업에 관한 이야기였죠.

물론 기업과 산업 콘텐츠도 많기는 했는데, 너무 '트렌디'한 것만 다뤄졌죠. '엔비디아 같은 인공지능(AI) 관련주가 뜨면 관련 종목은 뭐가 있다'는 식의 내용이었어요. 혹은 경영자의 사적인 부분을 부각해 가십

성으로 제작한 영상도 많았고요.

　한국을 대표하는 기업들이 정확히 어떤 사업을 하는지, 어떤 경영자가 기업을 이끌고 있는지, 어떤 기술이 핵심인지 일목요연하게 정리하는 작업을 시작해보고 싶었습니다. 경제지 기자로 15년간 기업과 산업, 증시를 취재해온 제가 가장 잘할 수 있는 일이기도 했습니다. 그렇게 시작한 게 '대단한 기업의 만만한 성공 스토리', 〈대기만성's〉였습니다. 기업의 역사, 기술, 제품, 경영자 등을 여러 방면에서 조망하되, 너무 깊지도 너무 얕지도 않아야 했습니다. 핵심만 쏙쏙 빼내서 쉽고 재미있게 구독자들에게 전달하는 것을 목표로 했습니다.

　〈대기만성's〉의 영상 콘텐츠를 1년 반 동안 주 1회씩 올렸는데, 반향이 상당했습니다. 조회 수가 수십만이 넘는 영상이 줄줄이 나왔습니다. 한국경제신문 온라인 채널에 원고를 올렸더니 이 또한 조회 수가 영상 못지않았습니다. 원고는 200자 원고지로 30매 안팎에 달하는데요. 이 긴 글을 많은 사람이 읽는다는 사실이 신기했습니다.

　글이 구어체로 쓰여 있어 문어체보다 읽기 편해 내용이 단숨에 읽힌다는 반응이 많았습니다. 책으로 만들어 달란 의견도 종종 있었고요. 콘텐츠가 이어질수록 이런 요구가 커졌습니다. 주식 투자자를 위한 기업 콘텐츠였지만, 단순히 재미로 보는 사람도 많았습니다. 이런 분들을 위해 보다 다양한 '채널'을 마련해보기로 했고, 이 책이 바로 그 결과물입니다.

국내 주식 투자 인구는 약 1,400만 명에 달합니다. 하지만 주식의 근간인 기업에 대해 잘 이해하는 사람은 극소수에 불과합니다. 많은 사람이 주식을 매수할 때 막연한 기대감에, 아는 사람의 추천에, 주식 전문가의 조언에 휘둘리고 있습니다. 수백, 수천만 원을 투자하면서 합리적인 의사결정을 하지 않는 경우가 많습니다. 자동차를 살 땐 매장을 방문하고, 영업사원의 말을 듣고, 자동차를 타보지만, 자동차 회사 주식을 살 땐 기업을 탐방하고, 주식 담당자의 말을 듣고, 생산 제품을 보는 경우는 거의 없지 않나요. 주식은 그저 유가증권일 뿐이고, 주가가 얼마인지만 알면 된다고 여기는 사람이 많은 듯합니다.

주식은 기본적으로 기업의 지분이죠. 1주를 갖든, 100만 주를 갖든 쪼개진 기업의 지분을 갖고 있는 겁니다. 주식 투자는 기업에 투자하는 것이며, 동업을 하는 것과 마찬가지입니다. 동업을 하는 데 회사 장부도 보지 않고, 사업 내용도 모르고, 경영자가 누군지도 모른 채로 할 수는 없지 않나요. 이 책은 투자할 때 기업을 파악하고, 경영자를 따져보고, 재무제표를 뒤져보고, 제품과 기술력을 알기 위해 노력하는 투자자를 위한 것입니다.

이 책에선 한국 재계를 이끌어 가는 제조업을 주로 다뤘어요. 반도체와 정보기술(IT) 산업이 첫 번째입니다. 기술력으론 세계 최고라 자부했던 삼성전자가 최근 위기를 맞고 있는 배경부터 시작해서 요즘 가장 각광받는 반도체와 배터리 두 사업을 모두 갖고도 그룹을 뜯어고칠 수밖에 없었던 SK, 만년 2등이란 타이틀을 떼기 위해 안간힘을 쓰고 있는 LG, 반도체 장비 산업에서 의미 있는 역할을 하고 있는 한미반도체 등을 다뤘습니다.

그다음은 배터리 산업입니다. 배터리는 2023년 한국 증시를 이끈 '주도주' 역할을 했죠. 전기차 시대를 맞아 배터리는 반도체를 이을 한국의 주된 먹거리 산업이 될 게 확실하죠. 에코프로 등 일부 종목은 주가가 10배나 오르는 기염을 토하기도 했고요. 하지만 2024년 들어 상황이 급변했습니다. 테슬라를 비롯한 전기차 판매가 급감했는데, 중국산 저가 전기차를 비롯해 세계 각국에서 전기차 공급이 폭증했어요. 배터리 가격은 크게 떨어졌고, 배터리 생산 기업은 물론 소재를 공급하는 기업들의 수익성이 급감했습니다.

그럼에도 배터리는 한국의 미래 먹거리가 될 것입니다. 시간의 문제일 뿐 전기차는 기존 내연기관 자동차를 대체할 것이기 때문입니다. 제철 기업에서 배터리 기업으로 변모한 포스코, 배터리 소재 분야에서 두각을 나타낸 에코프로, 테슬라에 배터리 소재를 공급하는 엘앤에프, 경영권 분쟁 중 배터리로 사업을 확장 중인 고려아연의 속사정을 들여다봤습니다.

세 번째로 방위산업도 빼놓을 수 없어요. 전쟁은 처참한 것이지만, 한국의 방산 기업에는 기회가 되고 있습니다. 미사일을 비롯해 포탄, 전차, 심지어 전투기까지 생산해 수출하는 한국 방산 기업 현황을 비교적 자세히 썼습니다.

자동차와 로봇 산업을 네 번째로 다뤘습니다. 생산량 기준 글로벌 톱3 안에 든 현대자동차는 '고급화'와 '전동화'에 성공하며 2023년 두각을 나타냈습니다. 잘 나가기만 할 것 같은 현대차의 위기 요인도 자세히 짚어봤습니다. 트랙터 수출로 대박을 터뜨린 대동, 삼성전자와 손을 잡고 로봇을 생산 중인 레인보우로보틱스는 어떤 회사인지 알아봤고요.

중공업은 HD현대가 첫 번째 타자입니다. 이름부터 '현대스러운' 이 회사는 옛 현대중공업그룹입니다. '현대중공업' 하면 조선이 떠오르지만, 이 회사는 정유와 건설기계 등 사업 분야가 굉장히 많아요. '중공업' 하면 두산그룹도 있죠. 두산은 코로나19 시기에 그룹이 거의 해체될 위기까지 내몰렸다가 가까스로 회복 중입니다. 핵심 계열사 상당수를 매각했지만, 수소와 로봇 같은 새로운 사업을 통해 부활을 꿈꾸고 있어요. 여기에 대한항공의 아시아나 인수는 어떤 의미가 있는지, 숨은 의도까지 짚어봤습니다.

바이오 편에선 '바이오시밀러' 시장을 개척한 셀트리온과 신약 개발에 진심인 한미약품 스토리에 주목했습니다. 석유화학 편에선 해체된 금호그룹 최후의 보루 금호석유화학, 이병철 삼성 창업주와 동업자였던 조홍제 회장이 세운 효성이 등장합니다.

이 책에 나온 기업들은 한국 산업계의 '간판'이라고 할 수 있지만, 매수를 추천하거나 권하는 것은 절대 아닙니다. 기업 스토리를 통해 독자들이 해당 기업을 이해하고, 투자 판단에 도움을 얻길 바랄 뿐이에요. 이 책을 통해 독자 여러분이 기업의 '결실'을 함께 공유하는 계기가 되었으면 좋겠습니다.

2024년 5월
안재광

차례

1장

반도체 및 IT

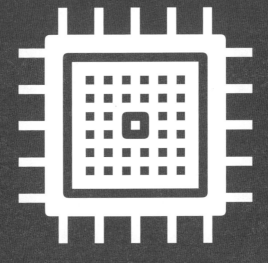

세계 1등 하는 게 이렇게 많은데
삼성전자는 왜 늘 위기일까

니혼게이자이신문(일본경제신문)이 매년 주요 제품의 세계시장 점유율을 조사해 발표하는데요. 2023년 9월에 발표한 조사 결과를 보면 한국이 6개 품목에서 1위를 차지했습니다. 이 가운데 5개 품목을 한 회사가 갖고 있습니다. 바로 삼성전자입니다. 삼성전자는 스마트폰, D램 반도체, 낸드플래시 반도체, 유기 발광 다이오드(OLED), TV 등의 분야에서 1등을 차지했습니다.

삼성전자가 대한민국 최고 회사라는 데에는 이견이 거의 없죠. 시장 점유율만 1등이 아니라 고용 창출 능력, 기술력, 실적 등등 거의 모든 면에서 1위니까요. 그런데 이렇게 잘 나가는 삼성전자가 위기라고 합니다. 사실 이 위기가 어제오늘 얘기는 아니고요. 10년 넘게 위기란 소리를 들었습니다. 연예인과 재벌 걱정은 하는 게 아니라고 하는데, 재벌 걱정은 사실 좀 해야 합니다. 특히 삼성전자는요. 삼성전자가 무너지면 한국 경제에 타격이 큽니다. 단적인 예로 삼성전자 실적이 안 좋으면 환율이 출렁일 정도인데, 그만큼 삼성전자가 달러를 많이 벌어들인다는 소리입니다.

삼성전자 주주 수는 2023년 말 기준 467만 명이나 됩니다. 대한민국 사람 10명 중 1명은 삼성전자 주주란 얘깁니다. 또 국민연금, 퇴직연금, 펀드 등 상당수 국내 투자 상품에는 삼성전자 주식이 편입돼 있어요. 그러니까 삼성전자가 잘 되고 주가도 올라야 국민 행복 지수가 높아지는 겁니다. 그래서 대한민국 국민이라면 삼성전자를 어느 정도는 알아야 합니다. 기술도 복잡하고 하는 사업도 많아서 완벽하게 이해하기는 쉽지 않겠지만요. 이 책을 여는 첫 번째 기업 이야기는 바로 삼성전자입니다.

먼저 삼성전자가 어떤 사업으로 돈을 버는지 살펴보면 회사의 실체가 드러나겠죠. 삼성전자는 스마트폰을 포함한 세트 사업으로 돈을 가장 많이 법니다. 이 사업을 회사 내부에서는 '디바이스 익스피어리언스(Device eXperience)', DX라고 하는데요. 여기엔 TV, 세탁기, 에어컨, 컴퓨터 등이 다 들어가

삼성전자의 사업부별 매출

(단위: 억 원)

사업부	매출
DX	169조 9923
DS	66조 5945
SDC	30조 9754
하만	14조 3885

*자료: 사업보고서(2023년 기준)
**내부 거래액 23조 152억 원 포함

요. 그런데 스마트폰 비중이 압도적으로 크기 때문에 DX는 사실상 스마트폰 사업부라고 봐도 무방합니다. 2023년 기준으로 169조 원의 매출을 올렸고요. 매출 비중으론 전체의 65%나 했어요.

그다음으로 매출이 많은 게 D램, 낸드플래시 같은 반도체입니다. 내부적으론 디바이스 솔루션(Device Solution), DS라고 부르는데 66조 원의 매출을 기록했어요. 비중은 25% 정도 됩니다. 여기에 스마트폰 화면에 들어가는 OLED 패널을 만드는 삼성디스플레이(SDC)가 12%, 자동차 내부에 들어가는 오디오나 전장부품(자동차에 사용되는 전기 장치 부품) 사업하는 하만의 매출이 5%가량 됩니다. 이걸 다 더하면 100%가 아니라 109%가 나오는데요. 내부에서 거래하는 물량이 중복으로 계산되

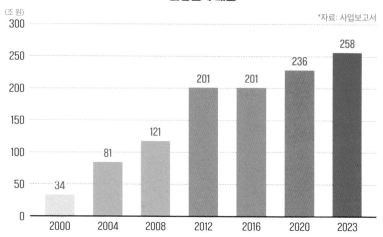

삼성전자 매출

(조 원) *자료: 사업보고서

연도	매출
2000	34
2004	81
2008	121
2012	201
2016	201
2020	236
2023	258

어 있어서 그렇습니다. 이를 굉장히 단순화하면 '삼성전자는 스마트폰과 반도체 파는 회사다'라고 정의할 수 있습니다.

삼성전자는 2000년대 들어 급성장했습니다. 반도체, 더 정확히는 D램 반도체가 정말 잘 팔린 데다가 스마트폰 수요까지 폭발해서 그랬어요. 2000년에 34조 원 했던 매출이 2008년 100조 원을 처음 넘겼고, 2012년엔 200조 원까지 돌파했습니다. 갤럭시의 대흥행으로 2013년엔 228조 원까지 갔었죠. 그리고 10년이 흘러 2023년이 됐는데, 그해 매출은 258조 원으로 10년 전과 큰 차이가 없습니다. 영업이익은 23년 전인 2000년과 비슷한 6조 원대에 불과했고요. 그래서 삼성전자에 '잃어버린 10년'이란 말까지 나옵니다.

대체 10년간 무슨 일이 벌어진 것일까요. 우선 고려해야 할 부분이 있습니다. 매출이 커지면 성장성은 떨어지게 돼 있어요. 경제성장률이 같은 3%라고 해도, 미국이 하면 높은 것이고 중국이 하면 낮은 것과 비슷한 이치인데요. 기업도 비슷해요. 매출이 200억 원인 회사가 10% 성장하는 것과, 200조 원인 회사가 10% 성장하는 건 완전히 다른 얘기입니다. 삼성전자가 과거처럼 높은 성장성을 계속 보이는 건 어렵다는 얘깁니다.

그럼에도 불구하고 10년간 매출이 13%밖에 늘지 않았다는 건 실망스러운데요. D램, 스마트폰 이후에 새로운 성장 동력을 찾지 못해서 그렇습니다. 정확히는 찾긴 찾았는데 제대로 키워내질 못했죠. 바로 반도체 파운드리 사업입니다. 파운드리는 남이 설계한 반도체를 도면대로 만들어주는 반도체 위탁 생산 사업이죠. 엔비디아, 퀄컴 같은 시스템 반도체 회사들에서 도면을 그리면, 주로 대만의 TSMC 같은 곳에서 반도체를 만들어냅니다. 삼성전자가 반도체 세계 1등이라고 할 땐 이런 시스템 반도체가 아니라, 메모리 반도체를 얘기합니다.

파운드리는 삼성전자가 2017년부터 본격적으로 시작했는데, 잘 안되는 분야이기도 합니다. 삼성전자엔 스마트폰 갤럭시가 있잖아요. 여기에 들어가는 D램, 낸드 같은 메모리 반도체는 당연히 자기들 것이고요. 머리 역할을 하는 AP(앱 프로

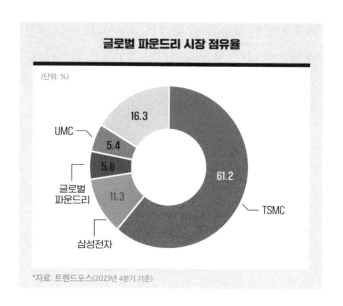

글로벌 파운드리 시장 점유율

(단위: %)

UMC
5.4

글로벌
파운드리
5.8

삼성전자
11.3

16.3

TSMC
61.2

*자료: 트렌드포스(2023년 4분기 기준)

세서)도 자기들 것으로 바꾸려고 했어요. 기존 퀄컴 칩을 자체 생산분으로 대체하려고 했습니다. 퀄컴 칩은 퀄컴이 설계하고 TSMC가 만드는데요. 삼성전자는 생산도 설계도 직접 합니다.

이 전략은 나쁘지 않아 보이죠. 우선 자기들이 필요한 물량이 있으니까요. 이걸로 사업을 시작해서 안착시키고요. TSMC에 칩 제조를 맡기는 애플, 엔비디아, 퀄컴 같은 곳을 공략해서 물량을 빼앗아 온다면 충분히 승산 있는 싸움으로 보였어요. 실제로 성과도 냈습니다. 2019년 반도체 파운드리 시장에서 삼성전자의 점유율이 19.2%까지 높아졌거든요. 전년도인 2018년에 7.7%였던 게 2배 이상 뛴 것이었죠.

그런데 이 수치가 2023년 말 기준 11.3%까지 다시 떨어졌어요. 반면에 TSMC는 파운드리 시장 점유율이 50% 안팎하던 게 60%를 넘겼고요. 5년간 TSMC와의 격차를 좁히기는 커녕 오히려 더 벌어진 것이죠. 특히 엔비디아의 AI 반도체나 애플 아이폰에 들어가는 최신 AP 같은 고사양 제품은 TSMC로부터 하나도 뺏어오질 못했습니다. 심지어 갤럭시에 쓰는 칩조차 여전히 퀄컴에 의존하고 있어요. 저사양 스마트폰 일부는 대체하는 데 성공했지만 고사양 제품은 여전히 퀄컴이 필요한 상황입니다.

이런 상황에서 AI 시대를 맞아 타격이 컸어요. 챗GPT가 2022년 11월 세상에 나오고 마이크로소프트, 아마존, 애플, 메타 등 대형 IT 회사들이 일제히 AI 사업에 뛰어들었고요. 한국도 네이버, 엔씨소프트, KT 등이 AI 개발에 나섰죠. 그래서 대량의 AI 칩이 필요하게 되었는데 이걸 TSMC가 홀로 독식하고 있습니다. 삼성전자가 파운드리 입지를 잘 키워놨으면 AI 칩을 잔뜩 수주해서 혜택을 받았을 텐데 이 과정에서 완전히 소외되는 일이 발생한 겁니다.

문제가 여기서 끝난 게 아니에요. 주력인 메모리 반도체까지 흔들립니다. 메모리 반도체, 특히 D램은 삼성전자가 절대적으로 강자인 분야인데요. 2016년 한때 50%가 넘었던 메모리 반도체 점유율이 2023년 3분기 기준 38%까지 떨어지고, SK하이닉스가 34%로 바짝 따라왔어요. 미국 마이크론도 22% 수준에 이릅니다.

특히 AI 시대에 필요한 HBM(고대역폭메모리) 주도권을 SK하이닉스에 내준 게 뼈아팠어요. HBM은 쉽게 말해 D램을 층층이 쌓아서 성능을 확 끌어올린 초고성능 메모리 반도체입니다. HBM은 AI 시대 이전엔 너무 비싸기도 하고, 쓸 데가 많지 않아서 거의 안 팔렸는데요. 엔비디아의 GPU 반도체와 함께 쓰면 AI 개발에 최적화된다는 평가를 받으면서 갑자기 수요가 폭발했어요.

엔비디아는 반도체 생산을 맡긴 TSMC에 아예 HBM까지 붙여서 달라고 주문했는데요. HBM 공급자로 삼성전자가 아닌 SK하이닉스가 들어간 겁니다. 삼성전자도 원래 HBM 기술이 있었는데 이걸 누가 많이 살까 하면서 치워버렸죠. 근데 그 시대가 와버린 거예요. 뒤늦게 삼성전자가 엔비디아에 '우리도 잘하니까, 우리 것도 써달라'고 했는데요. 이미 SK하이닉스가 선점한 시장이라 이걸 빼앗아 오는 게 쉽진 않습니다.

여기에 미국 마이크론까지 HBM 시장에 뛰어들었어요. 한국의 반도체 장비 회사인 한미반도체에 장비 발주를 넣은 게 확인이 됐습니다. 그러니까 삼성전자는 신규 사업인 파운드리에서도, 기존 사업인 메모리 분야에서도 쉽지 않은 싸움을 이어가야 합니다.

삼성전자가 힘든 점은 세계 최고 기업들과 싸우기만 해서는 안 되고 협력도 해야 한다는 것이죠. 우선 스마트폰 시장을 놓고 애플과 치열하게 싸우고 있는데요. 아이러니하게도 애플은 아이폰의 가장 중요한 부품인 디스플레이와 메모리 반도체를 삼성전자에서 사다 씁니다. 앞에서 OLED 패널 세계 1등이 삼성전자라고 했는데요. 이 패널이 아이폰에 들어간 덕분에 1등이 된 겁니다.

삼성전자는 여기에 아이폰의 두뇌인 AP도 만들길 희망하는데요. 지금은 TSMC가 전량 다 만들어 주거든요. 그 일부라도 애플로부터 받아 올 수만 있다면 파운드리 시장 점유율이 확 뛸 겁니다. 애플이 TSMC에 일감을 가장 많이 주거든요.

이렇게 적이면서 친구여야 하는 경우가 많습니다. 삼성전자는 안경처럼 쓰는 확장현실(XR) 헤드셋도 개발하고 있죠. 확장현실은 가상현실(VR), 증강현실(AR), 혼합현실(MR)을 아우르는 개념인데요. 이 시장은 메타가 가장 앞서고 있고, 애플이 뒤쫓고 있습니다. 그런데 메타는 AI 개발에도 엄청난 투자를 하고 있고, 여기에 들어가는 반도체도 많이 사는 큰손입니다. 메타와도 경쟁하면서 한편으론 협력해야 하는 것이죠.

이런 모순된 상황이 자꾸 연출되는 건 삼성전자가 스마트폰, 가전제품 같은 소비재도 하면서 동시에 그 안에 들어가는 반도체, 디스플레이 같은 부품도 같이 해서 그런데요. 또 반도체도 메모리만 하는 게 아니라 시스템까지 다 하고요. 세상에 이런 회사가 없어요. 요즘은 큰 산업이 다 분업화돼 있죠. 애플만 해도 설계나 디자인만 할 뿐이고, 부품은 전부 다른 곳에서 만들어 가져옵니다. 심지어 애플이 가져온 부품을 조립만 전문으로 해주는 폭스콘 같은 회사도 있어요. TSMC도 그렇죠. 소비재 사업을 일절 하지 않아요. 고객사와 경쟁할 일이 없는 겁니다. 또 반도체라고 해도 메모리엔 손도 대지 않아요.

그렇다고 삼성전자가 한 분야에만 집중해야 한다고 주장하는 건 아닙니다. 이건 전략의 문제이지 옳고 그름의 문제는 아니니까요. 사실 반도체부터 디스플레이, 가전, 스마트폰, 자동차 오디오 등 다양한 사업을 하면서 전부 세계 최정상급 기술을 갖췄다는 게 대단한 것이고요. 그래서 또 사업 기회를 엄청나게 잡을 수 있기도 합니다.

만약에 삼성전자가 애플이나 엔비디아의 반도체 주문을 받아냈다고 가정해볼게요. 그래서 TSMC를 바짝 추격하게 된다면요. 혹은 HBM을 뛰어넘는 초고성능 메모리 반도체를 내놓고 이걸 AI 분야에 적용한다면요. 확장현실 헤드셋 시장이 폭발적으로 커지고, 이 시장을 차지한다면요. 자율주행 시대가 도래하고, 삼성전자 자회사 하만이 관련 전장부품 주문을 대량으로 받는다면요. 더욱 진화한 휴머노이드 로봇을 만든

다면요. 삼성전자이기 때문에 이런 가정을 끝도 없이 할 수 있습니다.

많은 가정 중에 단 하나만이라도 이뤄진다면, 삼성전자는 10년 뒤에 매출을 2, 3배 이상 늘릴 수 있을 겁니다. 삼성전자가 그동안 수많은 기적 같은 일을 이뤄냈는데요. 이번엔 또 어떤 기적을 이뤄낼지 지켜보시죠.

SK

최태원의 깊은 빡침,
해결사 최창원 등판

2023년 말 SK그룹에 큰 인사가 있었습니다. 그룹의 최고 의사 결정 기구인 수펙스추구협의회를 이끄는 조대식 의장을 비롯해 박정호, 김준, 장동현 부회장이 한꺼번에 바뀐 것인데요. 이분들은 '부회장 4인방'이라고 해서 SK의 실세였죠. 이분들의 힘을 뺐다는 건, 뭔가 SK가 위기의식 같은 게 있어서겠죠.

'아니, SK에 위기라니. SK, 잘 나가는 것 아니었어?'라고 생각하실 분도 많을 겁니다. 요즘 각광받는 반도체와 배터리를 SK가 다 갖고 있지 않습니까. 하이닉스는 삼성전자에 이은 메모리 반도체 세계 2등이자, 전기차 배터리 글로벌 상위 5위권 안에 듭니다. 남들 다 부러워하는 사업을 하는데 잘했다고 칭

SK 가계도

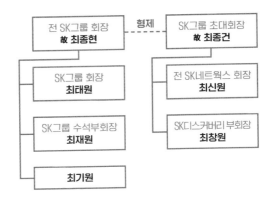

찬해도 모자랄 판에 웬 숙청인가 싶죠. 하지만 내부를 들여다보면 진짜 위기가 맞습니다.

그룹 최고 의사결정 기구 수펙스추구협의회 의장이 날아갔다고 했잖아요. 그럼 이 자리에 누굴 앉혔느냐. 최태원 회장의 사촌 동생인 최창원 부회장을 앉혔습니다. 권력은 부모 자식, 형제간에도 안 나눈다는데 대체 SK 위기의 실체는 무엇인지, 그리고 이번 숙청과 사촌 간 경영의 의미가 무엇인지 알아보겠습니다.

먼저 SK 최고 권력자로 올라선 최창원 부회장이 누구인지를 알아야 이 인사의 의미가 파악됩니다. 최창원 부회장의 부친이 바로 SK의 창업주인 최종건 회장입니다. 그런데 SK 창업주라면 최태원 회장 아버지가 나와야 하는 것 아닌가요. 자, SK 족보를 한번 볼게요. 최종건 회장이 SK를 1953년에 세우고, 1973년 40대 중반의 나이로 세상을 뜹니다. 당시에 자식들이 너무 어렸어요. 최창원 부회장도 아홉 살이었죠.

그래서 자연스럽게 동생인 최종현 회장이 경영권을 이어받습니다. 그리고 그룹을 엄청나게 키워요. 특히 1980년대 지금의 SK이노베이션인 대한석유공사와 1990년대 중반 지금의 SK텔레콤인 한국이동통신을 인수한 게 컸습니다. 특혜다, 뭐다 논란은 많았지만 SK가 굴지의 대기업이 된 게 이 두 회사를 인수했기 때문이라고 해도 과언은 아닙니다. 그런데 최종현 회장도 1998년, 68세의 나이로 비교적 일찍 세상을 뜨죠. 두 분 모두 사인은 폐암이었어요.

자, 그럼 이제 회사를 누가 가져가야 하나. 여기서부터 남겨진 2세들의 고민이 시작됩니다. 우선 창업주 최종건 회장의 자녀들은 3남 4녀로 7명입니다. 삼 형제 가운데 장남 최윤원 회장은 몸이 좀 안 좋았다고 해요. 그래서 2000년에 돌아가셨어요. 그럼 최신원 회장과 최창원 부회장이 남습니다. 최신원 회장은 당시 45세, 최창원 부회장은 34세였고요. 최종현 회장 쪽도 보시죠. 여긴 2남 1녀를 뒀는데, 장남이 지금 SK 회장인 최태원이죠. 차남이 최재원, 현재 부회장이죠. 당시 나이는 각각 38세와 35세였습니다.

나이로는 최신원 회장이 하는 게 맞는데, 최신원 회장은 경영 능력에 다소, 혹은 많은 의문이 있었다고 합니다. 그럼 나이만 보면 다음이 최태원 회장인데, 그래봐야 최창원 부회장과 네 살 밖에 차이가 안 나서 좀 애매하죠. 그래서 SK는 고민 끝에 전문 경영인을 내세웁니다. 손길승 회장이죠. 샐러리맨의 신화, MB만 있는 게 아니에요. 하지만 결국엔 최태원 회장이 왕권을 잡게 됩니다. 아무래도 최종현 회장이 집권한 직후였으니까 최종현 회장 쪽이 힘이 더 강했겠죠. 자, 그럼 최신원, 최창원 형제의 심정은 어땠을까요. 아버지가 세운 회사인데 사촌이 가져갔으니 유쾌하진 않았을 듯해요.

이후에 두 사람은 극명한 차이를 보이는데요. 최신원 회장은 본인의 '장자 타이틀'을 내세워서 사고를 치고 다닙니다. 쉽게 말해서 회삿돈을 자기 돈처럼 쓰고, 자신과 친분이 있는 사람을 고문으로 영입해서 회사 월급도 주고, 여러 기행을 일삼다가 결국에는 문제가 터져 2021년 1월 재판에 넘겨져 실형을 선고받습니다. 이후에는 경영에서 배제됐어요.

반면에 동생인 최창원 부회장은 착실하게 계열사에서 경영 수업을 받고 실력을 키웁니다. 맡은 일을 정말 잘한다는 좋은 평가를 받습니다. 그러다가 2007년 SK케미칼 대표로 취임해 무려 10여 년간 이 회사의 경영을 맡습니다. 또 2011년에는 SK가스 대표에도 오르죠. 최창원 부회장이 맡은 뒤에 SK케미칼과 SK가스는 완전히 다른 회사가 됩니다.

우선 SK케미칼을 보시죠. 원래 섬유 회사였는데, 바이오 회사로 탈바꿈시킵니다. 특히 백신 개발에 수천억 원을 쏟아붓는데요. 원래 제약 사업을 했던 회사도 아닌데 10여 년간 막대한 자금을 투자하는 큰 결단을 내리게 됩니다. 그리고 2016년 드디어 성과를 내죠. 세계 최초의 4가 세포 배양 독감 백신 '스카이셀플루4가' 개발에 성공하고요. 이듬해인 2017년에는 세계에서 두 번째로 대상포진 백신도 내놓습니다.

이렇게 성과가 하나둘 나오니까 SK케미칼은 2018년에 바이오 사업부를 떼어내서 SK바이오사이언스란 이름으로 독립을 시켜요. 어디서 들어보셨죠? 네, 맞습니다. 'SK바사'로 줄여서도 부르는데 역대 최고의 공모주 중 하나로 꼽히죠. '따상(신규 상장된 종목이 첫 거래일 공모가 대비 2배로 시초가가 형성된 뒤에 가격 제한 폭인 +30%까지 상승해 마감하는 것을 뜻하는 주식 은어)'의 대명사가 되기도 했습니다. SK바사가 아스트라제네카, 노바백스 같은 글로벌 제약사로부터 코로나19 백신을 위탁 생산하는 역할을 해서 엄청난 주목을 받았으니 증시에서 이런 열기는 어찌 보면 당연했던 것이죠.

SK가스도 엄청 달라졌죠. 이 회사는 원래 LPG를 해외에서 들여와서 유통하고 판매하는 게 주된 사업인데요. E1과 LPG 유통 시장을 과점하고 있죠. 그런데 LPG 유통만으로 기업을 키우는 게 한계가 있다고 판단합니다. LPG는 액화석유가스, 그러니까 석유에서 뽑아낸 가스인데요. 국내에서 주로

1톤 LPG 트럭의 연료나 산업용으로 쓰입니다. 과거엔 일반 가정집이나 치킨집, 중국집 같은 곳에서 LPG를 많이 썼는데요. 요즘은 자연에서 뽑아낸 천연가스인 LNG로 다 대체됐죠.

그래서 SK가스는 LPG로 뭘 할 수 있을까 보다가, 이걸 플라스틱 만드는 원료로 써보자 하고 2013년 사업 다각화를 합니다. 플라스틱의 원료가 되는 에틸렌, 프로필렌 이런 소재는 원래 석유 정제할 때 나오는 나프타(naphtha)를 주된 재료로 쓰는데요. LPG도 수소를 떼어내면 프로필렌이 됩니다. 이걸 PDH(프로판 탈수소화 공정)라고 하는데요. 이 사업을 전문으로 할 SK어드밴스드를 세워서 2016년부터 프로필렌 생산에 들어갑니다. 그리고 첫해 600억 원, 2017년 700억 원, 2018년 900억 원, 이렇게 이익을 늘려가면서 효자 사업이 됐죠.

이것뿐만이 아니라 울산에 LNG와 LPG를 동시에 연료로 쓸 수 있는 발전소를 짓고 있는데요. 이게 2024년 하반기 가동 예정이에요. LNG와 LPG가 같은 가스 같아 보여도 가격 차이가 좀 있거든요. 그래서 LNG가 비싸면 LPG를 떼고 LPG가 비싸면 LNG를 쓰는 게 가능해지죠. 발전소가 돌아가기 시작하면 연간 매출 1조 원, 영업이익 2,000억 원 이상이 발생할 것으로 회사 측은 기대하고 있습니다. 이 발전소 사업을 위해서 울산에 대규모 LNG 탱크와 접안 시설까지 짓고 있고요.

또한 청정에너지로 꼽히는 암모니아 사업도 여기서 추진

합니다. 정리하자면 SK케미칼과 SK가스는 최창원 부회장이 맡아서 완전히 다른 기업이 됐고, 엄청나게 커졌다는 겁니다. 최창원 부회장이 이렇게 사업들을 키워놓으니까 최태원 회장이 SK케미칼과 가스를 떼어줍니다. '네가 사업 키웠고, 경영 능력을 입증했으니 그건 네 것이다' 뭐 이런 식이었던 것 같아요.

현재 지분 구조로 보면 최창원 부회장이 SK디스커버리란 지주사를 통해 SK케미칼, SK가스 등을 지배하고 있습니다. SK디스커버리는 최창원 부회장 지분이 40%가 넘어서 단독 최대 주주이고요. 최태원 회장의 SK와는 지분 관계가 거의 없습니다. 그래서 SK에서 계열 분리가 되지 않겠느냐 하는 합리적인 예상이 나오고 있었습니다. 그런데 자기 왕국 챙기기도 바쁠 텐데, 별안간 사촌 형의 왕국에 들어가 왕까지는 아니고, 총리 정도를 맡은 겁니다.

최창원 부회장이 잘 알려지지 않아서 그렇지 경영 능력이 대단히 좋다는 평가를 받고 있습니다. 여기에 인품도 굉장히 좋다고 합니다. 최태원 회장이 단순히 사촌 동생이라 일을 맡긴 게 아니에요. 아니, 사촌 동생임에도 불구하고 권력을 줘도 배신하지 않고 회사도 살릴 수 있겠다고 생각한 것이죠.

다시 돌아와서 반도체부터 이야기해보죠. SK가 2012년 SK하이닉스를 사고 얼마나 재미를 많이 봤습니까. 황금알을 낳는 거위였잖아요. 연간 10조 원 버는 건 일도 아니었고,

20조 원 벌 때도 있었어요. 매출 아니고 영업이익입니다. 뗄 거 다 떼고 장사로만 10조씩 캐시로 '따박따박' 통장에 꽂혔다는 얘깁니다.

잔고가 넘쳐나니 이 돈으로 경기도 용인에 120조 원짜리 반도체 단지를 짓고, 인텔의 낸드플래시 메모리 사업부를 11조 원에 사는 통 큰 투자를 하죠. 특히 완전히 망한 M&A가 있습니다. 2021년에 11조 원에 인수한 인텔 낸드 사업부인데요. 인수할 때도 '바가지 썼다'는 말이 많았는데, 지나고 보니 바가지 정도가 아니라 완전 '호구'잡혔습니다. 낸드플래시 메모리가 완전히 똥값이 됐거든요.

SK하이닉스의 낸드플래시 메모리 평균 판매 가격은 2022년 1분기만 해도 테라바이트당 112달러였는데, 2023년 2분기에 46달러로 60% 가까이 폭락했죠. 이 탓에 SK하이닉스의 낸드 부분 적자는 그해 분기당 2조 원을 넘어섰습니다. 인텔 낸드 사업부는 완전 '자본잠식(적자 때문에 기업이 원래 갖고 있던 자기자본이 줄어드는 현상)'에 빠져서 돈을 퍼 넣어주지 않으면 살 수 없는 상태에 이르렀습니다.

인텔에서 11조 원을 주고 황금알이 아니라 똥만 나오는 거위를 받았으니까, 이 똥 치우느라 또 11조 원을 써야 할지도 모른다는 말이 나오죠. '흥청망청 M&A'는 이것 말고도 수두룩합니다. SK그룹의 지주사인 SK는 '투자형 지주사'란 개념을

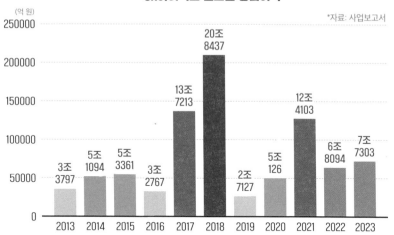

SK하이닉스 연도별 영업이익

(억 원)   *자료: 사업보고서

2013	3조 3797
2014	5조 1094
2015	5조 3361
2016	3조 2767
2017	13조 7213
2018	20조 8437
2019	2조 7127
2020	5조 126
2021	12조 4103
2022	6조 8094
2023	7조 7303

들고나왔었는데요. 한마디로 워런 버핏의 '버크셔 해서웨이' 처럼 투자 잘해서 떼돈 벌겠다는 개념입니다.

근데, 이게 말이 좋아 워런 버핏이지 말처럼 쉽지 않잖아요. 말아먹은 게 수도 없이 많아요. 대표적인 사례를 딱 하나만 들자면 2021년에 투자한 미국 플러그파워가 있죠. 1조 8,000억 원을 주고 플러그파워 지분 10%, 5,140만 주를 취득했습니다. 이때 취득 가격이 주당 29달러가 넘는데요, 이 회사 주가는 2024년 3월 기준 3달러 선에 불과합니다. 산 뒤에 주가가 85% 폭락했어요. 1조 8,000억 원에 산 주식 가치는 3,000억 원도 안 되고요. 대략 1조 5,000억 원을 날린 셈이에요.

이것뿐만이 아닙니다. SK가 한국판 아마존을 만들겠다

며, 진짜 아마존하고 손을 잡은 11번가는 완전히 붕괴했어요. SK는 11번가와 헤어질 결심을 했습니다. 과거 이 회사에 지분 투자를 한 펀드들이 있는데, 이 펀드가 SK에 약속한 돈을 달라고 했더니 11번가를 그냥 가져가라고 던져버렸어요. 이런 경우는 처음 봅니다.

11번가의 실적을 보시면 SK가 그동안 헛짓거리했구나 싶어요. 돈을 그렇게 쏟아붓고도 매출이 느는 게 아니라 오히려 줄었습니다. 2022년에 반짝 느는 것처럼 보였지만, 이게 쿠팡처럼 직매입해서 회계적으로 늘어난 것뿐이지 큰 의미는 없어요. 오히려 적자가 확 불어났습니다. 이게 직매입의 후유증 같은 겁니다. 온라인 쇼핑 점유율을 보면 쿠팡과 네이버가 저만치 앞서가고 있고, 신세계의 지마켓에도 못 당하고요. 이대로 가면 아마 테무나 알리익스프레스에도 뒤처지지 않을까 싶습니다.

배터리도 문제인데요. SK이노베이션이 배터리 공장을 여기저기 짓느라 수조 원을 썼습니다. 그래서 전기차 배터리 시장에서 글로벌 톱5에도 들었고요. 그런데 여긴 규모가 커져도 적자 해소가 안 됩니다. 2021년에 SK이노베이션에서 분리된 SK온의 적자는 2022년 1조 원을 넘어섰고요. 2023년에도 적자 기조를 이어갔습니다. 생각보다 손익분기점을 달성하는 시점이 늦춰지고 있어요.

SK의 내부 문제는 이것 말고도 많은데, 이 정도에서 마치 겠습니다. 최태원 회장도 개인적으로 너무 바빴어요. 대한상 공회의소 회장을 하면서 2030 부산 엑스포 유치 운동도 재계 총수 중에 가장 열심히 했습니다. 윤석열 대통령이 해외에 나 갈 때 동반으로 많이 나가기도 했잖아요. 경영에만 전념하기 힘들었단 얘깁니다.

최창원 부회장에게 권한이 많이 갔지만, SK의 모든 계열 사에 나 관여하진 않을 것 같습니다. 아마 큰 건만 보겠죠. 특 히 대규모 투자, M&A 같은 것들 위주로 재점검할 것 같습니 다. 계열사 사장님들 군기반장 역할도 좀 하고요. 수펙스추구 협의회가 내부 구조조정에 들어갔다고 합니다. 인원과 조직 을 확 줄인다고 해요. SK그룹의 사업 포트폴리오가 반도체, 배터리, 에너지, 통신 등 굉장히 광범위한데, 이번 기회에 재 점검하고 다시 도약할 기회로 삼았으면 합니다.

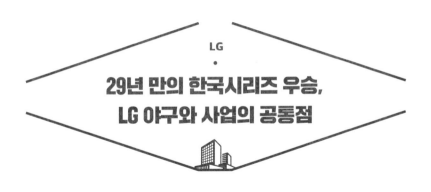

LG

29년 만의 한국시리즈 우승, LG 야구와 사업의 공통점

구광모 LG그룹 회장이 처음 야구장을 직관한 것은 2023년 11월이었어요. LG트윈스가 KBO 한국시리즈에 진출한 덕분입니다. 구광모 회장은 2018년 회장 자리에 오른 뒤에 5년간 단 한 번도 야구장을 방문하지 않았습니다. 선대 회장들이 야구에 대한 열정과 사랑을 수시로 내비치며 야구장을 자주 방문했던 것과 달랐어요. 그래서 '야구에 대한 애정이 부족한 것 아니냐'는 소릴 듣기도 했어요. 하지만 구광모 회장이 한국시리즈를 직관하고, 그해 LG트윈스가 우승까지 하면서 그런 소리가 쏙 들어갔습니다. 1994년 이후 29년 만에 우승했으니까, 그럴 만도 합니다.

LG트윈스가 강해진 게 스타플레이어 몇 명 영입해서 갑자기 이뤄진 게 아니라 4~5년 이상 꾸준히 팀을 '리빌딩'한 결과라 더 의미가 있습니다. 우승 전 해인 2022년에도 정규 리그에서 2위를 할 정도로 전력은 이미 탄탄했어요. 스타 선수 한두 명에 의존하지 않고, 이기고자 하는 정신력과 잘 짜여진 선수 육성 시스템을 가진 팀이야말로 야구 전문가들이 그리는 가장 이상적인 팀인데요. LG가 이런 이상적인 팀에 가깝다는 평가까지 듣습니다.

　LG트윈스의 '리빌딩' 결과를 보면서 LG그룹의 사업들도 야구단과 비슷하게 굉장히 탄탄해졌다는 생각이 들었습니다. 선수층이 두터워졌다고 해야 할까요. 한두 계열사에 의존하지 않고, 잘 짜여진 시스템에 따라 사업을 하고 있더라고요. 구광모 회장의 LG는 어떻게 야구와 사업의 체질을 바꿨을까요.

　우선 LG를 이끌고 있는 구광모 회장 얘기부터 해야 할 것 같아요. 구광모 회장은 LG의 '4세 경영자'입니다. LG 창업주 구인회 회장이 1대, 구자경 회장이 2대, 구본무 회장이 3대였죠. 구광모 회장이 구본무 회장의 뒤를 잇긴 했지만, 그의 아들은 아니었습니다. LG그룹은 장자 승계를 원칙으로 해서 3대까지는 장자가 회사를 물려받았는데, 3대인 구본무 회장이 아들이 없어서 동생인 구본능 희성그룹 회장의 아들을 양자로 들여서 승계를 했습니다.

LG그룹 회장 승계

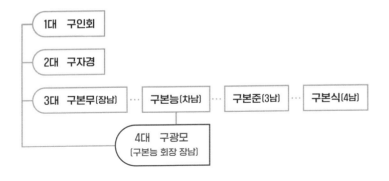

사실 구본무 회장에게도 아들이 있었는데, 굉장히 이른 나이에 세상을 떠났습니다. 아들 이외에 딸도 둘 있었지만 장자 승계가 원칙이어서 후계 구도에서 빠졌습니다. 이게 무슨 시대착오적인 승계 구조일까 하는 생각도 듭니다. 조선 시대도 아니고 아들에게 꼭 회사를 물려줘야 한다는 법은 없잖아요. 그런데 잘 생각해보면 LG가 4대까지 내려오는 동안 경영권 분쟁을 단 한 번도 겪지 않았어요. 아마 장자 승계 원칙이 없었다면 분쟁이 생겼을 개연성이 큽니다.

구광모 회장이 2018년 회장직에 올랐을 때 말들이 엄청 많았어요. 양자에다가 나이는 당시 만 40세로 굉장히 젊었죠. 구광모 회장이 1978년생인데요. 열 살이나 많은 이재용 삼성그룹 회장도 당시 부회장이었고요. 1970년생인 정의선 현대차그룹 회장도 당시에는 부회장이었거든요.

또 경영권 분쟁은 아니지만 재산 분쟁이 있었습니다. 구광모 회장이 승계를 받으려면 구본무 회장의 지분이 필요했는데요. 구본무 회장이 보유하고 있던 지분 11.28% 중에 8.76%를 구광모 회장이 받았고요. 나머지 약 2.5%는 두 딸인 구연경, 구연수 씨에게 돌아갔습니다. 그런데 구본무 회장의 부인인 김영식 여사와 두 딸이 이러한 재신 분할에 반발해 소송을 했어요.

조카에게 LG란 큰 회사를 물려주다 보니 부인과 딸들은 속이 상했을 것 같아요. 이런 여러 사정 탓에 회장 취임 초반에 구광모 회장 입지가 그룹 내에서 강하다고 말하기가 힘들었어요. 하지만 돌파할 방법이 있었습니다. 구광모의 LG는 '예전과 다르다', '너무 잘한다' 이걸 보여주면 되는 겁니다. 야구가 이를 상징적으로 보여주고 있는 것 아닌가 싶어요.

구본무 회장 때인 1990년 LG에 야구단이 생기고 첫해 바로 우승했고요. 4년 뒤인 1994년에 두 번째로 우승했죠. 또 1997년, 1998년에는 한국시리즈에 진출합니다. 아쉽게도 두 해 모두 준우승에 그쳤지만, 굉장히 잘하고 있다는 평가를 받았습니다.

그런데, 아깝게 우승을 계속 놓치니까 LG 야구가 이상해지기 시작해요. 정점이 2002년 준우승을 했던 시기였습니다.

김성근 감독 때였는데요. 준우승을 하긴 했지만 LG가 추구하는 공격 야구와는 완전히 거리가 멀었죠. 이후에도 LG 야구는 성적에 집착하게 되고, 팀을 근본적으로 바꾸기보다는 당장 써먹을 수 있는 선수를 영입하는 식으로 대증요법을 씁니다.

그러다가 LG가 이건 아니다 싶어서 근본적인 시스템 변화에 나서는데요. 특히 선수 육성에 엄청난 공을 들입니다. 2군 경기장 시설을 리그 최고 수준으로 바꿔주고, 좋은 코치들도 붙여줘서 잘하겠다는 의지가 큰 선수들에게 투자를 팍팍 해주죠. 결정적으로 2군 리그에서 잘하면 1군으로 바로바로 올려서 선수들에게 많은 기회도 줍니다. 반대로 1군에서 못하면 바로 짐 싸서 2군으로 가야 하고요. 이렇게 1군과 2군을 가리지 않는 무한 경쟁을 통해 모든 선수가 열심히 뛰게 하는 시스템을 구축했습니다.

이렇게 하는 게 당연한 것 같지만, 꼭 그렇진 않습니다. 1군도 나름 기득권 같은 것이어서 2군을 왔다 갔다 하는 게 구단의 강력한 의지 없이는 잘 안되거든요. 근데 LG는 밀어붙였어요. 그렇게 해서 2군 출신 스타들이 하나둘 나오기 시작하죠. 출루왕 홍창기, 2년 연속 3할을 때려낸 문보경, 작은 키에도 장타를 잘 날리는 문성주 같은 타자들이 대표적입니다. 투수 중에서도 김윤식, 정우영, 이정용 같은 선수들이 2군에서 올라와 좋은 성과를 냈죠.

LG가 2023년 시즌 내내 굉장히 강한 모습을 보인 것도 이렇게 1, 2군 선수층이 두꺼워서 누가 좀 부진하면, 곧바로 대체할 선수가 나타났기 때문입니다. 심지어 LG는 팀을 하나 더 만들어도 될 정도로 선수층이 두껍다고 평가받게 됩니다.

LG 사업들도 비슷해요. 멀리 보고 육성 선수, 아니 육성 사업을 키우고 있습니다. 예컨대 LG전자는 당장 매출이 많이 나왔던 휴대전화 사업을 접고 자동차 부품 사업에 전폭적인 투자를 했어요. 자동차 부품은 매년 대규모 적자를 냈는데, 2022년엔 흑자로 돌아섰고요. 2023년엔 매출 10조 원을 처음 넘겼고, 영업이익도 1,000억 원을 웃돌았어요. 앞으로 캐시카우 역할을 할 것으로 기대됩니다.

구광모 회장이 취임한 해인 2018년 오스트리아 헤드램프 업체 ZKW를 1조 원 넘게 주고 인수했고, 2021년에는 캐나다 부품 기업 마그나와 전기차 구동 체계 시장까지 진출했는데 이 사업들이 하나둘 꽃을 피우고 있어서 그렇습니다. 마그나 합작 법인은 설립 2년 만에 분기 첫 흑자를 냈고 ZKW도 볼보, 폴스타 같은 전기차의 헤드램프로 채택되기도 했죠.

증권사 애널리스트들은 LG전자의 전기차 부품을 만드는 VS사업부의 성장성에 주목하고 있어요. 사람들이 LG전자는 TV, 세탁기, 청소기 같은 가전 회사로 아는데요. 앞으로는 전기차 부품이 주력이 될 수도 있습니다.

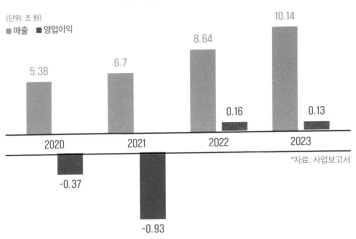

LG전자 VS사업본부 실적

(단위: 조 원)
■ 매출 ■ 영업이익

연도	매출	영업이익
2020	5.38	-0.37
2021	6.7	-0.93
2022	8.64	0.16
2023	10.14	0.13

*자료: 사업보고서

겉은 번지르르한데, 우승을 가져오지 못한 스타플레이어에 의존하지 않는 것도 비슷해 보입니다. LG는 과거에 올타임 레전드 박용택, 이병규 같은 슈퍼스타가 있었지만 우승은 못 했어요. 2023년엔 이런 레전드 슈퍼스타가 없어도 더 강팀으로 분류됐어요. 특히 투수진의 경우 류현진 같은 중량급 있는 선발이 없는데도 굉장히 강력했어요. 이정용, 정우영, 김진성, 함덕주, 고우석 같은 불펜진이 언제든 나와서 '불'을 껐습니다.

이러한 슈퍼스타 전략의 포기가 사업에서도 나타나고 있는데요. 예컨대 LG는 전기차 시대에 가장 강력한 잠재 후보죠. 가장 중요한 전기차 부품 사업을 거의 다 갖고 있거든요. 그런데 테슬라와 선발 에이스 싸움해서는 못 이긴다고 판단하고 벌 떼 야구 전략으로 가고 있습니다. 전기차 배터리, 인포테인먼트 시스템, 구동 체계, 조명 장치, 카메라 모듈, 디스플레이 같은 '불펜진'이 필요하면 언제든 나타나서 테슬라든, GM이든, 폭스바겐이든 상대하면 되니까요. 스마트폰 시장에서도 애플의 아이폰처럼 강력한 선발 에이스 전략은 접고, 카메라 모듈, 디스플레이 같은 부품 벌 떼 야구 전략으로 영리하게 공략하고 있습니다.

마지막으로 이기겠다는 정신력입니다. LG트윈스의 암흑기였던 2010년대에 LG는 우승은 고사하고 이기겠다는 의지조차 없어 보였습니다. 중요한 승부처에서 기회를 놓치는 일이 너무나 많았는데요. 이건 실력을 떠나서 요즘 말로 '그릿(grit)'이라고 하죠. 근성을 아예 잃어버린 느낌이었어요.

2023년 들어선 달랐습니다. 그해 한국시리즈 2차전만 해도 4대 0으로 지고 있다가 뒷심을 발휘해 4대 5로 역전승을 거뒀습니다. 특히 LG 선수 중에 가장 논란이 컸던 고참 김현수가 큰 역할을 해줬습니다. 김현수는 LG가 100억 원 넘게 주고 영입한 선수였는데요. 그만큼 성적을 잘 냈냐고 욕을 먹기도 했지만, 김현수는 중요한 고비 때마다 선수들을 하나로 뭉치게 해서 이기는 야구를 하는 데 큰 역할을 했어요.

LG의 계열사들도 이기겠다는 정신력이 이전보다 훨씬 세진 것 같아요. 사실 구본무 회장 시절 LG의 경영 이념은 '인화(人和)'였습니다. 잘 어울리고 화합하는 것을 강조했습니다. 경쟁에서 밀리면 죽는 전쟁터 같은 시장에서 이게 웬 말인가 싶기도 한데요. 어쨌든 LG는 삼성이나 SK 같은 다른 대기업에 비해 치열함이 덜 했던 것은 사실입니다.

그런데 구광모 회장의 LG는 좀 다른 것 같아요. 상징적인 사건이 SK와 배터리 기술을 놓고 싸운 것인데요. 2019년 SK가 LG 출신 직원들을 대거 영입하자 이게 기술 침해에 해당한다고 미국 법원에 소송을 제기했습니다. 이때 LG의 발언 수위가 굉장히 강했어요. "SK가 배터리 사업을 아예 못 하게 하겠다"고 했습니다. 미국 백악관이 나서서 중재를 요청할 정도로 꽤 큰 사건이었어요. 결론은 LG가 2조 원을 받는 걸로 끝났습니다.

LG화학이 배터리 사업을 떼어내서 상장한 것도 논란은 좀 있었지만 같은 맥락입니다. LG화학의 소액주주 입장에선 알짜 사업을 떼어낸 것이라 엄청나게 반발했는데요. 이걸 무릅쓰고 2022년 초에 상장을 강행했죠. 결과적으로 LG는 한국 증시에서 시가총액 2~3등을 다투는 기업을 하나 더 갖게 됐는데요. LG는 상장을 통해 조달한 대규모 자금으로 공장을 팍팍 늘려서 배터리 분야에서 1등이 되겠다는 의지가 엄청납니다.

LG처럼 팬층이 많은 곳도 없죠. LG트윈스의 경우 서울이 연고란 점도 있지만, 전 프로야구 구단 가운데 가장 관객 수가 많은 팀입니다. 가장 많은 사랑을 받는 팀이 우승을 계속 못

하는 안타까운 상황이 29년간 벌어진 것이었는데요.

LG그룹도 비슷합니다. 많은 한국인이 대기업에 상당히 부정적인데 반해 LG는 유독 많은 사랑을 받았습니다. 그런데도 삼성이나 SK 같은 수출 주력 품목인 반도체 사업이 없어서, 혹은 현대차처럼 존재감 있는 제품이 없어서 만년 2등 같은 느낌입니다. 그랬던 LG가 야구도 사업도 이젠 압도적인 1등을 추구하고 있는데요. 1등 LG는 과연 어떤 모습일까요.

삼성도 두 손 들게 한
전투력 '만렙'의 강소기업

2023년 국내 증시 키워드를 딱 하나만 꼽으라면 단연 배터리 종목의 상승입니다. 에코프로를 비롯한 수많은 배터리 종목의 주가가 많으면 10배 이상, 적어도 3, 4배 올랐잖아요. 안타깝게도 2024년에 들어서면서 상승세가 확 꺾이긴 했지만요.

2023년 한국 주식시장에 배터리만 있었던 건 아닙니다. 한국을 떠받치는 산업인 반도체도 있었습니다. 그런데 주가로 볼 때 삼성전자, SK하이닉스 같은 회사보다 장비, 소재를 공급하는 회사 주가가 확 올랐어요. 일명 '소부장(소재·부품·장비)'입니다. 그중에서도 선두 주자를 꼽으라면 한미반도체가 있었습니다. 한미반도체의 주가는 2023년 초만 해도 1만 원

선이었는데, 그해 12월엔 6만 원 선까지 급등했어요. 미국 증시에서 그해 '반도체 대장주'로 꼽혔던 엔비디아의 수익률 못지않았죠. 주가가 오른 이유도 엔비디아와 연관이 있는데요. 그 설명은 조금 뒤에 하겠습니다.

여기까지만 보면 모두가 행복한 것 같은데 이러한 주가 상승에 딴지를 건, 아니 동의를 못 한 분이 있었어요. 2023년 한국 증시에서 '배터리 열풍'을 주도한 '배터리 아저씨' 박순혁 작가였어요. 이분의 영향력은 당시에 엄청났어요. 특히 개인 투자가들의 열광적인 지지를 얻고 있었습니다. '배터리 기업에 투자해야 한다'는 비교적 단순한 주장을, 굉장히 쉽게 설명했는데요. 실제로 그해 배터리 종목들이 연달아 급등하면서 '핀플루언서(온라인 등에서 투자자들에게 투자 정보를 제공해 유명해진 사람)'의 대표 주자로 떠올랐습니다.

이분이 한미반도체를 콕 집어 "이런 주식이야말로 진짜 거품주다"라고 저격하는 일이 있었어요. 한미반도체에도 주주와 투자자가 있잖아요. 주가가 많이 올라서 회사 분위기가 좋았는데 아무런 이해관계도 없는 핀플루언서가 '깜빡이'도 안 켜고 들어오니까 주주와 투자자들이 화가 많이 났어요. 회사 측이 발끈해서 박순혁 작가를 고소하는 데 이릅니다. 당시에 엄청난 화제가 됐어요. 한미반도체가 단숨에 유명해집니다. 대체 어떤 회사길래 '거품' 논란이 일 정도로 주가가 많이 올랐는지 많은 사람이 주목하기 시작해요. 한마디로 '노이즈 마케팅'이 된 겁니다. 대체 한미반도체에는 어떤 스토리가 있었을까요.

한미반도체는 1980년에 세워진 반도체 장비 회사입니다. 창업주인 곽노권 회장은 미국 모토로라의 한국 법인, 지금은 ASE코리아로 바뀐 반도체 패키징 회사에서 14년간 근무했어요. 이 회사에 다니면서 수입에 의존했던 반도체 금형을 국산화하면 돈이 되겠다고 생각해 사업을 시작했어요. 이후에 반도체 웨이퍼를 자르고, 이송하는 장비인 '소잉앤드플레이스먼트(현 비전플레이스먼트)'란 것을 만들어서 이 분야 세계 1위에 오르기도 했습니다. 또 이 장비로 2013년에 정부가 수여하는 '금탑산업훈장'을 받기도 했고요. 국내 반도체 장비 업계에선 선구자적인 역할을 했습니다.

저도 여러 번 곽노권 회장을 만나고, 인터뷰도 했는데 소신 발언을 거침없이 해서 살짝 놀라기도 했습니다. 예컨대 한국 대기업의 기술 탈취 문제나, 정부의 경제 민주화 정책을 강하게 비판하기도 했어요. 또 한국의 가업 상속 제도가 잘못됐다는 의견도 밝혔고요. 원래 기업 하는 분들이 기자를 만나면 여간해선 이런 민감한 말 잘 안 하거든요. 특히 한미반도체처럼 대기업에 물건 납품해서 먹고사는 분들은 더 안 합니다. 괜히 대기업이나 공무원에게 잘못 보여서 불이익을 받을 수도 있잖아요. 그런데 이분은 거침이 없더라고요.

한미반도체가 사람들에게 크게 주목받은 일은 배터리 아저씨의 저격보다 훨씬 이전인 2012년에도 있었어요. 다른 회사도 아니고 삼성전자에 큰 싸움을 걸었거든요. 한미반도체의 기술을 삼성전자가 무단으로 가져갔다고 주장하면서 특허 소송을 했어요. '다윗과 골리앗'의 싸움이었죠. 당시 삼성전자 매출은 약 200조 원으로, 한미반도체의 2,000억 원 대비 1,000배 이상 많았습니다. '갑과 을'의 싸움이기도 했어요. 갑은 당연히 삼성전자인데, 한미반도체의 장비를 대량으로 사주는 최대 고객이었어요. 또 당시에 만연했던 대기업의 협력사 기술 탈취 문제가 수면 위로 드러난 것이라 여러 면에서 이 소송은 의미가 있었습니다.

사건 내용을 간단히 정리하면 삼성전자가 한미반도체로부터 반도체 장비를 사서 쓰다가, 자회사를 통해서 비슷한 장비를 만든 게 발단이 됐습니다. 한마디로 '삼성이 한미반도체 제품을 베껴서 손해본 금액이 200억 원을 넘겼으니 이 돈을 물어내라' 하는 소송이었어요. 소송 결과도 파장이 컸는데, 삼성이 졌습니다. 1심 재판부가 특허 침해를 인정했고, 손해배상도 200억 원 전부는 아니지만 일부 하라고 판시했죠. 이후 두 회사는 합의에 이른 것으로 알려졌지만, 당연히 거래 관계는 끊겼겠죠. 한미반도체는 최대 고객사인 삼성전자에 납품을 못 해서, SK하이닉스나 대만 반도체 회사에 의존할 수밖에 없었고요. 그래서 소송 이후 10여 년간 매출이 확 늘지 못하고 2,000억 원 안팎에 머물러 있었어요.

이런 한미반도체에 반전 계기가 된 것은 바로 인공지능, AI 때문이었어요. 2022년 11월 챗GPT가 나와서 세상을 깜짝 놀라게 했죠. 기존 AI와 차원이 다른 성능을 보여줬기 때문입니다. 챗GPT는 오픈AI란 비영리 법인이 개발한 것인데, 오픈AI의 최대 주주가 바로 마이크로소프트입니다. 마이크로소프트에 AI 주도권을 내줄 수 없다는 절박함 탓에 구글과 아마존, 메타 같은 미국의 빅테크 기업들이 대대적인 AI 투자에 나서게 됐고, 그 결과 AI 관련 반도체 수요가 폭증하게 됩니다.

엔비디아의 GPU(그래픽처리장치)가 대표적인데요. GPU는 원래 게임이나 멀티미디어 콘텐츠 처리를 위해서 개발된 반도체인데, AI의 핵심 기술인 기계가 스스로 학습하는 딥러닝, 머신러닝에 탁월한 성능을 발휘하면서 수요가 폭증했어요. 엔비디아 GPU 중에서도 가장 비싼 H100은 개당 가격이 4만 달러, 원화로 5,000만 원이 넘는 데도 없어서 못 팔 정도였어요. 엔비디아는 이 칩을 대만의 TSMC에 맡겨서 위탁 생산하고 있는데, TSMC는 최첨단인 3나노 공정의 약 90%를 애플에 배정하고 있어서 엔비디아의 GPU 생산에는 한계가 있었어요.

여기서 주목해야 할 게 가격이 비싸도 성능만 좋으면 팔린다는 겁니다. GPU 같은 연산 능력이 있는 시스템 반도체뿐만 아니라 데이터 저장을 담당하는 메모리 반도체 분야에서도 같은 현상이 나타나고 있어요. 성능은 좋은데 가격이 너무 비싸서 거의 팔리지 않았던 HBM이나 DDR5 D램 수요도 급증한 겁니다. HBM은 D램을 여러 층 쌓아서 만든 초고성능 메모리 반도체죠.

이걸 구현하려면 층층이 쌓은 D램 사이를 관통하는 통로인 TSV 통로가 촘촘하게 뚫린 D램을 열 압착으로 붙여줘야 해요. 한미반도체는 이 작업에 쓰이는 열 압착 본딩 장비인 TC본더를 생산하기 때문에 주식시장에서 큰 주목을 받았어요. 2024년 이전까지 세계 HBM 시장은 삼성전자가 아닌 SK하이닉스가 장악하고 있었고, 엔비디아가 HBM을 SK하이닉스로부터 주로 받아서 썼는데, SK하이닉스가 TC본더 개발을 함께한 곳이 바로 한미반도체였거든요.

사실 2023년은 한국 반도체 시장이 굉장히 안 좋았던 해였어요. 한국은 메모리 반도체에 강점이 있는데 메모리 반도체 가격이 폭락했거든요. 삼성전자, SK하이닉스 같은 한국의 대표 반도체 기업들이 한때 적자까지 냈어요. 당연히 이들 기업에 장비를 납품하는 반도체 장비 회사들도 최악의 상황이었죠. 장비 주문이 줄줄이 취소됐고, 신규 발주가 뚝 끊겼어요.

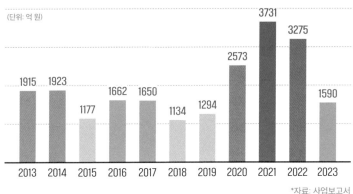

한미반도체 연도별 매출

(단위: 억 원)

2013	2014	2015	2016	2017	2018	2019	2020	2021	2022	2023
1915	1923	1177	1662	1650	1134	1294	2573	3731	3275	1590

*자료: 사업보고서

　한미반도체도 안 좋았어요. 2023년 매출이 전년 대비 '반 토막' 났고, 영업이익은 약 70% 급감했어요. 그럼에도 한 줄기 빛이 들었는데, 바로 HBM 제조용 장비를 수주한 것이었어요. 그해 9월에 415억 원, 10월에 596억 원 규모의 HBM 제조용 TC본더 장비 공급계약을 SK하이닉스와 체결합니다. 이듬해인 2024년 들어서도 SK하이닉스의 발주가 계속 들어왔고, 이 물량을 한미반도체가 가져가요.

　글로벌 시장조사 업체인 가트너는 글로벌 HBM 시장 규모가 2022년 11억 달러에서 2025년 49억 달러로 급성장할 것으로 봤어요. HBM 시장에서 SK하이닉스에 밀려서 체면을 구긴 삼성전자와 미국의 마이크론이 일제히 HBM 기술 개발과 장비 도입에도 나섰죠. 한미반도체의 TC본더 '몸값'이 더 올라갈 수 있다는 의미예요.

한미반도체의 장비는 메모리 반도체 생산공정뿐만 아니라 시스템 반도체 공정까지 들어갈 가능성이 있어요. 현재 TSMC가 쓰는 반도체 패키징 장비는 주로 대만의 ASE나 AmKor 같은 곳에서 받는데, TSMC의 고객사인 엔비디아가 자기들 GPU에 SK하이닉스의 HBM까지 패키징해서 한꺼번에 달라고 요구하고 있어요. 그래서 TSMC가 직접 한미반도체의 TC본더를 구매하지 않을까 하는 기대감도 일부 있습니다.

또 '희망 회로'를 돌리자면 엔비디아가 TSMC에 전부 줬던 GPU 생산 물량 일부를 삼성전자에도 준다면 삼성전자가 엔비디아의 GPU를 만들어주고, 여기에 직접 생산하는 HBM까지 붙여서 일괄 납품하는 것도 가능합니다. 그렇다면 더더욱 한미반도체 장비 수요가 늘지 않을까요.

반도체 제조공정은 크게 웨이퍼를 제조하는 전공정과 제조된 웨이퍼를 가공하여 각각의 반도체 칩을 생산하는 후공정으로 나뉘는데요. 후공정은 쉽게 말해 웨이퍼를 자르고, 씻고, 붙이는 패키징 분야인데, 이런 건 부가가치가 낮았어요. 사실 한미반도체의 장비는 반도체 후공정에 쓰이는 것이라 과거에는 큰 주목을 못 받았어요.

반도체 장비하면 네덜란드의 ASML이 대표적인데요. 이 회사가 만드는 노광(빛으로 웨이퍼에 회로를 새기는 공정)장비는 대당 수천억 원이나 하는데도 사려면 '번호표'를 뽑고 기다려야 하죠. 이런 비싼 장비는 대부분 전공정에 쓰입니다. 그런데 요즘은 반도체가 3나노, 2나노 이런 식으로 아주 미세한 공정으로 가고 있는데, 이걸 좀 더 미세하게 할 수 있을지 업계에서 의문이 들고 있어요. 이렇게 앞선 기술을 가지려면 몇십조 원을 투자해야 해서 투자비가 기하급수적으로 늘어나거든요. 또 기술이 어려워질수록 불량도 많이 납니다.

그래서 미세 공정 말고 다른 걸 개선해보자, 하면서 업계가 주목하는 게 후공정인 패키징 분야입니다. 특히 AI를 구현하려면 커다란 데이터 덩어리가 왔다 갔다 하면서 열을 많이 내요. 이를 해결하기 위해 반도체와 기판, 반도체와 반도체 사이를 잘 붙이는 본딩 기술에 엄청난 투자가 이뤄지고 있어요.

아울러 한미반도체는 한국에서 유일하게 EMI 차폐 장비를 만드는데, 이 시장도 폭발적으로 성장할 여지가 있습니다. 'EMI 차폐'란 반도체 칩의 전자파 간섭을 막아주는 기술입니다. 차폐는 여러 방식이 있는데 한미반도체 장비는 반도체 표면에 스테인리스, 구리 같은 금속을 얇게 씌워줍니다. 과거 EMI 차폐는 주로 스마트폰, 통신 등의 분야에 필요했는데, 요즘 활용 범위가 빠르게 확대되고 있어요.

특히 저궤도 위성통신 산업에서 수요가 빠르게 늘고 있

습니다. 일론 머스크의 스페이스X가 그중에서도 선두 주자죠. 2030년까지 4만 개 이상의 위성을 쏘아 올린다는 계획을 갖고 있습니다. 이 저궤도 위성은 통신 기지국이 없어도 인터넷 접속을 가능하게 하는데, 특징이 고주파 대역을 쓴다는 겁니다. 고주파 대역은 전자파 간섭이 심해서 EMI 차폐를 반드시 해줘야 해서 한미반도체 장비 수요가 커질 수 있어요. 이밖에도 애플의 '비전프로', 메타의 '퀘스트' 같은 혼합 현실 헤드셋이나 레벨3 이상의 고성능 자율주행 자동차 등의 분야에도 EMI 차폐 장비가 필요합니다.

이렇게 보면 한미반도체가 당장은 AI 반도체의 혜택을 볼 것이란 기대 때문에 관심을 받고 있는 건데, 자율주행, 메타버스, 저궤도 위성 등 현재 주목받는 산업에도 한미반도체가 두루 걸쳐 있어 잠재력이 엄청나다고 평가받는 겁니다. 이런 상황에서 배터리 아저씨 박순혁 작가가 2023년 실적 악화를 근거로 한미반도체 주가에 거품이 있다고 하니까 투자자와 회사가 발끈한 겁니다. 더구나 한미반도체는 2023년 실적 악화에도 불구하고 사상 최대인 400억 원이 넘는 주주 배당을 했어요. 그만큼 주주가치 제고를 열심히 했다는 얘깁니다. 임직원들에게는 300억 원어치의 자사주를 지급하기도 했고요. 한미반도체의 주식을 산 분들뿐만 아니라 직원들의 행복 지수가 주가에 달린 것이죠.

물론 한미반도체가 언제까지 잘 될지는 누구도 장담 못해요. 리스크 요인도 있습니다. 시장에서 가장 우려하는 건 네덜란드 BESI 같은 글로벌 장비 회사가 메모리 반도체 쪽으로 들어오는 것인데요. 현재 글로벌 장비 회사들은 주로 시스템 반도체, GPU나 CPU, AP를 만드는 장비 쪽에 집중하고 있습니다. 근데 HBM 같은 고성능 메모리 시장이 커진다면, 당연히 시장 확장 차원에서 진출할 여지가 있을 겁니다.

회사를 이끌고 있는 곽동신 부회장의 리더십도 증명해야 하는 숙제입니다. 창업주이자 부친인 곽노권 회장이 2023년 12월 세상을 떠나면서 앞으로는 곽동신 부회장이 온전히 회사를 경영해야 하죠. 물론 곽노권 회장 말년에는 곽동신 부회장이 거의 다 경영했지만, 그럼에도 부친이 있는 것과 없는 것은 차이가 있을 겁니다.

곽동신 부회장이 비교적 일찍 회사 지분을 증여받아서 경영권 위협이 없다는 것은 그나마 다행인 것 같아요. 곽동신 부회장의 보유 지분은 2024년 3월 말 기준 35%에 달해요. 부친 곽노권 회장의 지분은 9% 수준이었는데요. 이 지분을 다른 가족들에게 상속하기로 했어요. 가족의 지분을 다 합하면 전체 지분의 절반을 넘습니다.

한국이 반도체 강국인데도 불구하고, 장비 분야에선 ASML 같은 강력한 기업이 없다는 지적이 많았는데요. 한미반도체가 AI 시대에 ASML 같은 기업으로 올라설 기회를 잡은 것 같습니다. 이미 기대가 많이 반영돼서 기업 가치가 10조 원을 뛰어넘었는데요. 앞으로 100조 원 넘는 기업으로 성장하길 기원합니다.

2장

배터리

포스코홀딩스 홈페이지에 들어가 보면 메인 화면에 아르헨티나의 소금 호수 '옴브레 무에르토(Hombre Muerto)'가 배경으로 나옵니다. 기업 홈페이지 메인 화면에는 보통 회사를 대표하는 이미지나 주력 상품이 나옵니다. 삼성전자 홈페이지에는 TV가 나오고, 현대자동차에는 그랜저 같은 자동차가 등장합니다. 메인 화면은 기업의 정체성과 같죠.

그럼 당연히 제철소나 철강 제품이 나와야 할 포스코홀딩스 홈페이지에는 생뚱맞게 소금 호수가, 그것도 한국이 아닌 아르헨티나의 소금 호수가 화면을 채우고 있는 걸까요. 포스코는 왜 아르헨티나의 소금 호수를 자신들의 정체성으로 규정했을까요. 첫 번째 배터리 기업 이야기는 '제철보국(製鐵報國)'을 넘어 '배터리 보국'으로 나선 포스코입니다.

포스코는 1968년 4월에 설립됐습니다. 원래 이름은 포항종합제철주식회사, 포항제철이었습니다. 이름에서 알 수 있듯이 포항에서 출발했고, 철을 생산하기 위해 만들어졌습니다. 포항제철은 일제강점기 피해에 따른 배상, 즉 일본으로부터 받은 대일청구권자금으로 세워진 기업입니다. 박태준 초대 회장은 "조상의 혈세이며 피의 대가로 기업이 설립됐으니 사업을 반드시 성공시켜 나라에 보답하자"는 의미로 제철보국을 모토로 삼았습니다.

포항제철소 앞바다가 영일만인데요. 박태준 회장은 임직원들에게 "사업이 잘 안되면 우향우해서 영일만에 다 빠져 죽자"며 '우향우 정신'을 강조했다고 합니다. 비장하죠. 우향우 정신 덕분인지, 포스코는 이후에 빠르게 성장해서 2000년대 초반 쇳물 생산 능력인 조강으로 세계 1위까지 했습니다. 이후 중국, 인도가 급부상해서 2022년 순위가 7위로 내려갔습니다만, 큰 성과를 낸 것은 틀림없습니다.

그런데 포스코의 요즘 고민은 더 이상 제철로는 회사가 성장하기 어렵다는 데 있습니다. 포스코가 철을 아무리 잘 만들어도 팔 데가 없거든요. 세계 철강 생산량은 빠르게 늘어나는데, 수요는 더디게 늘고 있기 때문입니다. 세계 철강 산업은

2010년 이후 공급과잉에 시달리고 있어요. 중국, 인도, 러시아가 경쟁적으로 제철소를 짓고 생산량을 늘려서 그렇습니다. 특히 중국의 철강 설비 투자는 최근 5년간 급증했는데요. 연평균 50%씩 늘었습니다. 중국이 자국에서 철강 수요가 급격히 늘고 있으니 철강소를 무식하게 많이 지었기 때문이에요. 반면 중국을 제외한 세계 철강 수요는 제자리걸음이거나 오히려 줄고 있습니다.

주요 선진국의 철강 제품 수요는 이미 정점을 찍고 내려가고 있습니다. 영국, 프랑스, 일본, 러시아 등은 2000년대 이전에 일찌감치 정점에 이르렀고요. 미국과 대만, 이탈리아, 캐나다, 독일, 스페인 등도 수요가 줄고 있습니다. 한국은 2008년이 정점이었어요. 그나마 중국, 베트남, 인도네시아 같은 신흥국이 수요를 뒷받침하고 있어서 버티고는 있는데요. 이것도 얼마 안 갈 것 같습니다.

설령 철 수요가 계속 늘어난다고 해도 지금처럼 철을 생산하면 더 이상 사업하기 어렵습니다. ESG 경영 트렌드 때문인데요. ESG는 환경(environmental), 사회(social), 지배구조(governance)의 약자죠. 이 가운데 환경이 가장 중요한 키워드입니다. 환경에 해가 되면 소비자는 제품을 안 사주고, 은행은 돈 안 빌려주고, 기관투자자는 투자를 안 합니다. 그런데 철강산업은 '기후 악당'이라고 불릴 만큼 환경을 파괴해요. 제철소에서는 배기가스가 엄청나게 나옵니다. 철을 뽑아내려면 철광석과 석탄을 고로에 넣고 1,500도 이상 고온으로 녹이는데요. 이 과정에서 다량의 이산화탄소가 발생합니다. 철 1톤을 생산하는 데 이산화탄소 1.83톤이 배출된다고 해요.

철보다 이산화탄소가 더 나오죠. 모든 산업을 통틀어 철강 산업이 가장 많은 배기가스를 배출하고 있습니다. 그 비중이 24%나 됩니다. 포스코도 당연히 이걸 알았습니다. 일찍부터 대비도 했죠. 포스코는 1999년 광양제철소에 다섯 번째 고로를 완공한 뒤, 국내에선 더 이상 용광로를 늘리지 않고 있습니다. 이후 제철 사업은 사실상 유지만 하고 큰 투자는 잘 안해요. 만들어서 팔 곳은 점점 없고, 만들 땐 욕을 무진장 먹으니까 확장하는 게 힘들었던 겁니다. 그래서 철강을 대체할 사업을 찾아낸 결과가 바로 배터리 소재입니다.

여기서 말하는 배터리는 주로 리튬이온 배터리, 그러니까 리튬이 양극과 음극을 오가면서 전기를 생산하는 전지를 뜻합니다. '이차전지'라고도 하죠. 포스코는 리튬이온 배터리를 만들 때 필요한 양극재 시장을 공략했습니다. 양극재가 배터리의 성능을 좌우하는 핵심 소재인 데다 가격도 소재 중에 가장 비싸거든요. 제철과 배터리 소재는 얼핏 보면 전혀 다른 사업 같은데 비슷한 부분도 많습니다.

우선 한국의 주력 산업을 뒷받침합니다. 철강은 한국

이 세계 최고 경쟁력을 보유한 선박, 자동차, 건설, 기계, 전자 같은 산업을 뒷받침했죠. 이들 산업이 수출을 무진장해서 1980년대 이후에 지금까지 40여 년 동안 한국을 먹여 살렸습니다. 배터리 소재는 앞으로 그럴 가능성이 크죠. 현재 배터리 분야에서 한국은 세계 최고 경쟁력을 보유하고 있습니다. 생산 순위로 보면 2023년 기준 LG에너지솔루션이 3위, SK온이 5위, 삼성SDI가 6위입니다. 1, 2위는 중국 CATL과 BYD(비야디)인데요. 중국이 세계 최대 전기차 시장을 장악하고 있어서 순위는 높지만, 기술력은 한국 기업이 더 앞섰다는 평가를 받

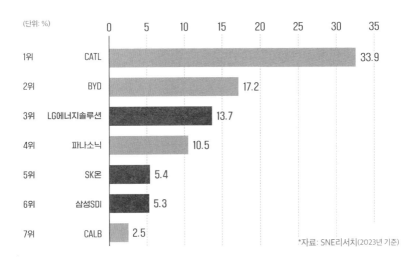

글로벌 전기차 배터리 시장 점유율

(단위: %)

순위	기업	점유율
1위	CATL	33.9
2위	BYD	17.2
3위	LG에너지솔루션	13.7
4위	파나소닉	10.5
5위	SK온	5.4
6위	삼성SDI	5.3
7위	CALB	2.5

*자료: SNE리서치(2023년 기준)

아요. 배터리는 전기차의 보급 때문에 수요가 당분간 폭발적으로 늘 수밖에 없죠. 앞으로 수출 주력 산업도 배터리 위주로 바뀔 수밖에 없을 겁니다.

제조 공정도 일부 비슷한데요. 제철은 철광석을 광산에서 캐서 고로에 넣고 석탄으로 태워서 철을 뽑아내는데요. 배터리도 핵심 소재인 양극재는 리튬 같은 광물을 광산에서 캔 뒤에 니켈, 코발트, 망간 같은 첨가물과 버무려서 고열로 구워 냅니다. 광산에서 캐고, 뜨거운 열로 가열하고, 비슷하죠.

미국이 밀어주고 있다는 점은 포스코가 배터리 소재 사업을 하는 데 좋은 환경이죠. 미국의 '인플레이션 감축법(Inflation Reduction Act, IRA)'의 의회 통과가 미국뿐 아니라 한국에서도 큰 관심이었는데, 이 법안에는 배터리와 그 소재까지 중국산 제품을 배제하는 내용이 담겨 있습니다. 중국이 만들었거나, 중국산 소재가 있는 배터리는 미국이 안 받겠다는 겁니다.

배터리는 현재 한국, 중국, 일본 3개국이 과점하고 있는 시장인데요. 미국 시장에서 중국이 빠지면 한국, 일본만 남게 되겠죠. 일본은 파나소닉이 사실상 유일한 배터리 회사인데, 파나소닉은 테슬라에 의존합니다. 그러니까 GM(제네럴모터스), 포드 같은 미국 회사와 폭스바겐, BMW 같은 독일 회사들은 한국 회사밖에 대안이 없어요.

배터리가 뜨는 산업인 것은 알겠는데 포스코가 잘할 수 있을지는 사실 또 다른 문제입니다. 주식시장에선 가능성을 크게 평가하는 것 같습니다. 포스코 계열사 중에 배터리 소재 사업을 하는 곳이 포스코퓨처엠인데요. 원래 이 회사는 제철소에서 필요한 내화물, 즉 용광로 만들 때 쓰는 물질을 만드는 회사입니다. 또는 제철 과정 중 필요한 생석회 같은 것을 공급하는 회사였어요. 그러다 2019년 광양에 양극재 공장을 지으면서 본격적으로 배터리 소재 사업에 뛰어듭니다. 이 사업이 얼마나 빠르게 성장했냐면, 사업을 시작한 지 3년 만인 2022년 양극재 매출 비중이 회사 전체 매출의 절반을 넘어갔습니다. 3년 만에 배터리 소재 회사가 된 겁니다.

포스코퓨처엠이 생산한 양극재는 거의 전량 LG에너지솔루션이 사 가고 있습니다. LG에너지솔루션은 양극재가 부족해서 공장을 더 지어달라고 포스코케미칼에 요청하고 있어요. 사실 양극재는 어딜 가도 부족해서 SK온이나 삼성SDI 같은 한국 회사들도 포스코케미칼이 준다고 하면 "땡큐!" 하고 받겠다고 합니다. 물건이 남아도는 철강 산업과는 완전히 딴판이에요.

포스코퓨처엠은 양극재뿐만 아니라, 음극재 생산도 늘리고 있는데요. 음극재의 주된 재료는 흑연이고, 이 흑연 대부분이 중국에서 생산됩니다. 따라서 음극재까지 하는 것은 무리가 있다고 원래는 봤습니다. 중국이 워낙 잘하니까요. 그런데 포스코퓨처엠은 천연 흑연이 아닌 인조 흑연 형태로 중국과는 다르게 음극재를 생산해 미국에서 1조 원어치 수주를 따내기도 했습니다. 양극재와 음극재를 함께 생산하는 회사는 한국에는 포스코 이외에 없고 세계에서도 중국의 '샨샨(Shan-shan)'이란 회사 딱 1곳뿐입니다.

포스코는 여기에 그치지 않고 양극재에 들어가는 핵심 재료인 리튬까지 생산하려고 합니다. 포스코홀딩스 홈페이지 배경인 아르헨티나 소금 호수가 바로 이 리튬을 뽑아낼 수 있는 광산이죠. 포스코는 이 호수를 2018년 인수하고 2020년 리튬 추정 추정치를 컨설팅받았는데요. 매장량이 1,350만 톤에 이른다고 합니다. 전기차 약 3억 대에 들어갈 엄청난 양이에요. 포스코는 실제 생산 가능량을 280만 톤으로 보고 있는데 연간 10만 톤씩 뽑아낼 예정입니다. 30년간 여기서 리튬을 생산하겠다는 거예요.

포스코는 리튬, 니켈, 흑연 같은 핵심 광물부터 원료, 중간 소재, 그리고 최종 소재에 이르기까지 배터리와 관련한 소재는 모두 하겠다는 큰 그림을 그리고 있습니다. 배터리 이외에 또 다른 큰 사업도 진행 중인데, 바로 수소입니다. 포스코가 철을 만들 때 엄청난 양의 이산화탄소가 나온다고 했잖아요. 석탄 대신 수소를 쓰면 이산화탄소가 배출되지 않습니다.

철광석에서 철을 생산하려면 산소를 분리해야 하는데요. 지금은 석탄에서 발생하는 가스, 일산화탄소를 이용합니다. 이걸 수소로 바꾼다면 전문 용어로 '환원(還元)'이라고 하는데, 수소 환원 제철 방식으로 철을 생산하면 이산화탄소 대신 물이 부산물로 나와요. 배기가스가 일절 없는 거죠. 포스코는 2050년까지 수소 환원 제철 방식으로 공정을 바꿔 나가겠다고 이미 선언했습니다. 또 여기에 필요한 수소도 직접 생산하기로 했는데요. 2050년까지 연 500만 톤의 수소를 생산해서 수소로 연 30조 원의 매출을 올릴 것이라는 비전을 밝혔습니다.

수소를 어떻게 생산할 것인지 구체적인 청사진도 내놨어요. 원래 해오던 방식인 천연가스에서 뽑아내는 '그레이 수소'뿐만 아니라, 물을 전기분해해서 생산하는 '그린 수소'를 연 200만 톤씩 생산하겠다고 합니다. 프랑스 소설가 쥘 베른이 쓴 《신비의 섬》에 보면 물이 석유처럼 연료로 쓰일 것이란 대목이 있는데, 포스코가 그걸 하겠다는 겁니다. 물론, 이건 좀 먼 얘기라 어떻게 실현할 수 있을지는 좀 더 지켜봐야 할 것 같습니다.

포스코는 정권이 바뀔 때마다 회장이 바뀌곤 했는데요. 대일청구권자금으로 세워졌으니 정부에서 지분이 있다고 생각하는 것 같습니다. 사실 정부 지분은 '1'도 없죠. 국민연금이

2023년 말 기준 포스코 주식 6.7%가량을 보유하고 있었는데, 이건 그냥 시가총액 비중대로 샀다 팔았다 하는 주식이라 정부 지분이라 볼 수도 없어요. 외국인도 약 28%(2024년 3월 기준)를 보유하고 있는데, 그렇다고 외국 회사라 볼 수도 없죠.

아무튼 문재인 정부 때 선임된 최정우 회장은 윤석열 정부가 들어선 뒤에도 물러나지 않았습니다. 퇴임 압력은 엄청나게 받았음에도 버텼어요. 사실 버티면 정부가 내보낼 수단은 없습니다. 2022년 9월에 태풍 힌남노가 포항에 상륙해서 포항제철소 고로가 49년 만에 처음 멈추는 사고가 있었는데요. 정부가 이 사고를 빌미로 최정우 회장의 사고 책임론을 제기하기도 했어요. 하지만 최정우 회장은 2024년 3월 18일 퇴임하며 포스코 사상 최초로 연임 임기를 완주한 회장이 되었습니다. 최 회장이 회장 임기를 채울 수 있었던 것은 배터리 소재 분야로 사업을 빠르게 전환해 성과를 낸 것과 무관해 보이지 않습니다.

배터리는 중국이 엄청나게 투자하고 광물부터 소재, 완제품까지 장악하려고 하는 분야인데요. 포스코가 부디 중국 기업들의 공세를 이겨내고 더 잘하기를 국민의 한 사람으로서 기원합니다.

모피 팔던 사장님의 '코스닥 1위' 성공 비밀

코스닥 시장 '대장주', '1등 기업'을 혹시 아시나요? 바로 에코프로비엠입니다(2024년 3월 기준). "아니, 이걸 몰라?" 하는 분도 있겠지만, 상당수는 에코프로를 들어본 적도 없으실 거예요. 배터리에 들어가는 소재인 양극재를 만드는 회사입니다. 에코프로비엠은 코스닥이 자기 체급에 안 맞는다고 생각해서 유가증권시장(코스피) 이전을 추진할 정도죠. 에코프로비엠과 모기업 에코프로의 시가총액을 합하면 삼성그룹의 실질적인 지주사 삼성물산과 엇비슷할 정도입니다.

에코프로그룹은 공정거래위원회가 분류하는 대기업 집단, 재벌의 기준인 자산 총액 5조 원도 넘겼습니다. 한국의 대표 재벌로 공식 지정도 됐습니다. 또 에코프로의 창업주 이동채 회장은 재산 평가액이 수조 원을 넘었죠. 이 정도면 재벌 맞습니다. 한국에서 네이버, 카카오 같은 IT, 게임 회사나 셀트리온 같은 바이오 회사를 제외하면 정통 제조업으로 근래에 대기업 반열에 오른 곳은 에코프로가 유일합니다. 이번 주제는 배터리 신흥 재벌의 탄생, 에코프로입니다.

이동채 에코프로 회장

1959년 경북 포항 출생

대구상고

영남대 경영학과

한국주택은행(현 국민은행)

산동회계법인 KPMG

1998년 에코프로 창업

에코프로는 1998년 설립된 회사입니다. 이 회사의 창업 스토리가 조금 독특해요. 창업주 이동채 회장은 배터리 전문가도 아니고, 심지어 엔지니어 출신도 아니에요. 상고를 나와 경영학과를 졸업하고 은행에 다니다 15년간 회계사를 했어요. 그러다 갑자기 사업을 하게 됐는데, 배터리 소재가 아니라 생뚱맞게 모피 의류 사업이었어요. 동서의 빚보증을 섰다가 일을 떠맡게 됐다고 합니다. 근데 모피 코트를 팔아본 적도 없고 만들어 본 적도 없는 회계사 출신이 사업을 잘했을 리가 없죠. 1997년 IMF까지 닥치면서 회사가 망합니다.

빚도 다 못 갚고 재기하려고 알아보다가 시작한 게 배터리가 아니라 환경 사업이었어요. 환경 사업을 하게 된 계기도 좀 웃겨요. 새 사업을 뭘 할지 고민하면서 잡지를 보다가 교토의정서에 관한 내용을 읽었대요. 그걸 보고 환경 사업을 하기로 정했다고 합니다. 교토의정서가 체결되면 지구온난화 관련 사업이 성장할 거라는 막연한 기대를 품은 것이죠. 교토의정서의 주요 내용이 온실가스 배출을 줄이는 것이거든요. 그렇게 환경 사업을 위해 설립한 회사가 바로 에코프로입니다.

이동채 회장이 대단한 것은 추진력인데요. 기술도 없고 사업 경험도 없으니까 무작정 대전의 대덕연구단지로 가서 연구원들을 만났대요. 온실가스를 갖고 뭘 해야 돈 벌 수 있을까 하고 2년간 연구원들에게 술 사주고, 밥 사주면서 함께 고민을 했대요. 그러다 온실가스의 한 종류인 PFC(과플루오린화탄소)를 저감하는 장치를 만들자 하는 결론에 이릅니다.

PFC란 것이 반도체와 디스플레이 공장에서 주로 발생하는데 한국이 이 분야 세계 1위니까 뭔가 돈이 될 것 같다, 하고 기술 개발에 나섭니다. 실제 제품 수주를 본격적으로 한 것은 2017년이에요. 거의 20년간 기술만 개발한 거죠. 그럼 그전까지 뭘 했느냐. 정부 R&D 과제를 수주해 먹고살았대요. 정부가 연구·개발 과제를 주고 기업이 여기에 응모해서 뽑히면 돈을 주거든요. 배터리 소재를 하게 된 것도 이 정부 과제 때문이에요.

2004년에 과제 하나를 따냈는데, 이게 현재 배터리의 표준이 된 리튬이온 배터리 개발 사업이었어요. 근데 여기서 운명처럼 제일모직을 만나게 됩니다. 제일모직은 당시 삼성그룹 내에서 배터리 핵심 소재인 전구체, 양극재 개발을 하고 있었어요. 근데 내부적으로 이걸 접어야 한다고 판단했답니다. 당시에 전기차는 너무 먼 얘기였거든요. 그래서 매각할 대상을 물색합니다. 어차피 버리는 사업이니까 헐값에 팔았다고 해요.

이동채 회장이 이 사업을 받아서 한거죠. '남들 안 하는 것 해야 돈 번다'는 생각을 예전이나 지금이나 계속 했던 것 같아요. 에코프로비엠의 현재 양극재 최대 고객사가 삼성SDI인데요. 이때 삼성과 맺은 인연이 큰 성과로 이어진 것이죠. 근데 실제로 매출이 크게 발생한 것은 이로부터 10여년 뒤였어요. 그전까진 돈을 거의 못 벌었습니다.

매출이 거의 없는 동안 이동채 회장은 늘 돈에 쪼들렸죠. 돈 구하러 다니는 게 일상이었대요. 담보가 없으니까 은행 돌면서 매번 사업 설명하다 퇴짜맞고, 간신히 대출이 나와도 찔끔 나오고, 그러다 너무 힘들어서 '코스닥 상장을 하자, 그럼 돈 구하러 안 다녀도 되겠지' 하는 단순한 생각에 2007년 코스닥 상장에 도전합니다.

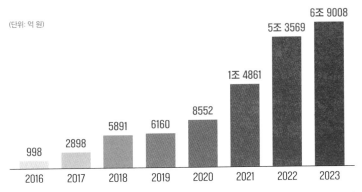

늘어나는 에코프로비엠 매출

(단위: 억 원)

2016	2017	2018	2019	2020	2021	2022	2023
998	2898	5891	6160	8552	1조 4861	5조 3569	6조 9008

*자료: 사업보고서

　솔직히 잘 될 줄 몰랐대요. 그냥 도전해봤는데, 덜컥 상장 심사를 통과합니다. 운도 좋았던 게 글로벌 금융위기가 오기 직전, 증시가 굉장히 좋을 때였어요. 상장을 잘 받아주는 분위기였습니다. 1년만 늦었어도 상장은 못 했을 테고, 그러면 지금의 에코프로가 없었을 지도 모릅니다. 에코프로가 본격적으로 돈을 번 것은 2016년 충북 오창에 공장을 짓고 양극재 생산을 늘리면서부터였어요. 2007년 상장할 때 200억 원 정도 했던 매출이 이때 1,000억 원을 넘겼고, 이후 폭발적으로 성장합니다.

　에코프로비엠도 이때 생겼어요. 원래 에코프로 안에 있던 사업을 떼어내서 물적 분할한 겁니다. 에코프로비엠은

2021년 처음 매출 1조 원을 넘었고, 2023년에는 6조 원을 넘었어요. 2025년까지 목표가 10조 원입니다. 매출이 10%, 20% 늘어난 게 아니라 2배, 10배 껑충 뛰었습니다. 주가가 안 오를 수 없겠죠. 전기차 수요가 폭발해서 그렇습니다. 전기차 판매가 인도량 기준 2022년 처음 1,000만 대를 넘겼어요. 2023년엔 1,400만 대가량 했습니다. 최근 6년간 연평균 49%의 성장률을 보였어요.

전기차에서 가장 비싼 부품이 배터리죠. 원가의 30~40%나 차지해요. 또 배터리 소재 가운데 에코프로비엠이 하는 양극재가 비중이 30%가량 됩니다. 원가 5,000만 원짜리 전기차 1대가 있으면 양극재가 500만 원어치 필요한 겁니다.

배터리는 한국, 중국, 일본이 장악하고 있는 시장인데요. LG에너지솔루션, SK온, 삼성SDI 등이 글로벌 상위 10위 안에 듭니다. 에코프로비엠은 주로 삼성SDI와 SK온에 배터리를 납품하고 있어요. 에코프로비엠은 2021년 7만 8,000톤이던 양극재 생산 능력을 2022년 18만 톤으로 2배 늘렸고, 2024년에는 10만 톤을 더 늘려 28만 톤까지 확장할 예정입니다. 2027년에는 71만 톤까지 늘리겠다고 해요.

이렇게만 보면 너무 좋은 사업 같은데, 한계도 물론 있습니다. 양극재는 주로 메탈을 재료로 쓰거든요. 기본 리튬이 들어가고 여기에 'NCM(니켈, 코발트, 망간)' 혹은 'NCA(니켈, 코발

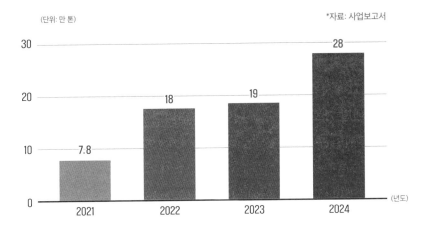

늘어나는 에코프로비엠의 양극재 생산능력

(단위: 만 톤)   *자료: 사업보고서

- 2021: 7.8
- 2022: 18
- 2023: 19
- 2024: 28

(년도)

트, 알루미늄)'를 섞어요. NCM은 SK온이, NCA는 삼성SDI가 주로 쓰죠. 이런 메탈은 중국, 일본 등에서 주로 사 오는데 원유 가격 바뀌듯 시세가 계속 바뀌죠. 에코프로비엠 고객사들은 메탈 시세에 마진을 얼마 붙여 주는 식으로 공급계약을 맺는데요. 약 7~8% 수준입니다. 2022년 에코프로비엠 매출이 5조 3,000억 원이었고, 영업이익이 3,800억 원쯤 되니까 이익률은 7%가량 됩니다.

근데 에코프로비엠의 고객사인 삼성SDI, SK온은 끊임없이 원가를 낮추라고 압박합니다. 그들도 자신들의 고객사인 BMW, 포드, 폭스바겐 등 글로벌 자동차 회사로부터 가격 압박을 받거든요. 양극재가 과거엔 공급 부족이라 없어서 못 파는 제품이었는데, 2023년 하반기 이후 물량이 넘쳐나게 됩니다. 전기차가 기대만큼 잘 안 팔렸고, 메탈 가격이 급락해서 양극재 마진이 급격히 줄었어요. 수요가 줄고 공급이 늘면 마진은 더 박해질 가능성이 높습니다.

그래서 이동채 회장이 생각한 게 '양극재만 해선 안 되겠다. 메탈 재료까지 손을 대야겠다'입니다. 이걸 업계 용어론 '밸류체인(원료가 가공되어 최종 사용자에게 제품 및 서비스가 제공되는 프로세스)' 구축이라고 하죠. 고객사 사업인 배터리를 할 수는 없어서 재료 사업에 뛰어듭니다. 리튬, 니켈 같은 메탈을 광산에서 직접 캘 수는 없었고, 다 쓴 폐배터리를 수거해 메탈을 뽑아내기로 해요. 계열사 중에 에코프로씨엔지란 회사가 그 역할을 합니다.

씨엔지가 금속을 추출하면 리튬은 에코프로이노베이션이, 니켈, 코발트, 망간 등은 에코프로머티리얼즈가 받아서 전구체, 수산화리튬 같은 양극재 전 단계로 제품화하고, 이걸 에코프로비엠이 받아서 양극재까지 만드는 구조입니다. 이동채 회장은 수조 원을 들여 자신의 고향인 포항에 이걸 다 함께 하는 단지를 지었어요. 2023년부터 본격적으로 가동이 되고 있는데 이곳을 '포항 캠퍼스'라고 부릅니다.

에코프로는 이 캠퍼스를 앞으로 북미와 유럽에도 그대로 들고 나가려고 합니다. 요즘 미국과 유럽은 배터리뿐 아니라 그 안에 들어가는 소재까지도 자기들 나라, 혹은 자기들과 자유무역협정(FTA)을 맺은 국가에서 생산하도록 하고 있죠. 미국의 인플레이션 감축법과 유럽의 핵심원자재법(Critical Raw Materials Act, CRMA)에 이런 내용들이 들어갔어요. 에코프로는 유럽에선 헝가리에, 북미에선 캐나다 퀘백에 2025년까지 공장을 지을 계획입니다.

요즘 배터리 산업은 희망과 우려가 공존합니다. 희망은 배터리 분야가 커질 수밖에 없다는 것이고, 우려는 중국 업체들의 시장 장악력이 점차 커지고 있다는 점인데요. 에코프로와 캐나다에 배터리 공장을 짓기로 한 포드가 중국 CATL과 손을 잡았다는 뉴스도 나왔죠.

하지만 저는 배터리 분야만큼은 한국이 중국보다 잘할 거라고 기대합니다. 중국 정부가 품 안에 넣고 키워온 CATL 같은 회사보다 잡초처럼 광야에서 경쟁력을 키워온 한국 기업의 경쟁력이 더 높다고 생각하기 때문입니다. 이동채 회장은 "인류 최고의 발명품은 기업이다"라고 했는데, 기업이 세상을 바꾸는 것도 바로 생존을 위한 절박함 때문이 아닐까요.

테슬라는 왜 엘앤에프의 '하이니켈 양극재'에 꽂혔나

테슬라의 기업 가치는 약 726조 원(2024년 3월 10일 기준)이죠. 자동차 기업 세계 '넘버원'이에요. 이것만 해도 대단한데, 2위 하고는 비교도 안 되는 '넘사벽(넘을 수 없는 사차원의 벽)' 1위입니다. 2위 도요타의 기업 가치는 약 530조 원이죠. 자동차, 특히 전기차 업계에서 테슬라가 가진 파워는 '슈퍼 파워'입니다.

이런 테슬라도 고민이 있죠. 전기차 가격이 너무 비싸요. 낮춘다고 낮췄는데, 그래도 내연기관 자동차에 비해 한참 비싸죠. 가장 싼 게 모델Y인데, 한국에서 이거 사려면 5,000만 원 넘게 줘야 합니다. 현대차로 치면 그랜저, 아니 제네시스부터 시작하는 것이죠. 몇 년 전부터 3,000만 원짜리 전기차도 내놓는다는 말만 하고 아직 소식이 없어요. 가격을 낮추려고 엄청 노력해도 잘 안되는 것 같아요.

이놈이 문제인데, 바로 배터리 때문이죠. 배터리가 전기차 원가에서 차지하는 비중은 무려 30~40%나 됩니다. 근데 이게 생각만큼 잘 안 떨어지고 있어요. 테슬라는 원래 일본 파나소닉과 손잡고 건전지처럼 생긴 원통형 전지를 무진장 넣어서 배터리로 쓰고 있는데요. 파나소닉 혼자만으로는 가격을 낮추는 데 한계가 있어서 LG에너지솔루션, 중국 CATL 배터리도 받아서 쓰고 있습니다. 테슬라 전기차 가격이 그나마 떨어진 것도 파나소닉의 비싼 배터리를 좀 덜 쓰기 때문이죠.

그런데 여기에 만족할 테슬라가 아니죠. 배터리 업체들에 '가격을 더 못 낮추면 우리가 직접 한다', '너네에게 마진 주는 것도 아깝다'라면서 직접 배터리 셀을 만들고 있습니다. 이전까진 셀을 모아놓은 배터리 팩까지만 했는데, 이제는 이 팩에 들어가는 전지 생산까지 하고 있다는 얘깁니다. 아직은 비중이 얼마 안 되지만 당연히 계속 늘릴 겁니다. 그럼 한국의 배터리 회사들은 '나가리'가 되는 것인가. 꼭 그렇지는 않아요. 테슬라가 배터리 셀까지는 어떻게 해볼 텐데, 배터리에 들어가는 소재는 쉽지 않아요. 받아서 써야 합니다.

테슬라의 선택을 받는 배터리 소재 기업은 과연 어느 곳이 될 것인가. 업계 초미의 관심사가 됐죠. 그런데 하나둘 나오고 있습니다. 이번 주제는 테슬라가 선택한 기업, 엘앤에프 (L&F)입니다.

엘앤에프가 테슬라에 소재 공급을 하기로 했다는 사실은 2023년 2월 말 공시를 통해 알려졌습니다. 계약 금액이 무려 3조 8,000억 원이나 했어요. 엘앤에프의 2022년 매출이 딱 이 정도였으니, 1년 치 일감을 단번에 따낸 겁니다. 이게 얼마나 많은 건지 감이 잘 안 오시죠. 배터리로 환산하면 40기가와트시(GWh) 정도 되는 건데요. 테슬라 모델Y 53만 대 분량입니다.

테슬라가 받아가기로 한 건 니켈 비중이 엄청 높은 하이(high)니켈 양극제인데요. 보통 니켈 비중이 90% 넘어가는 것을 하이니켈이라고 해요. 양극재는 기본적으로 리튬에 니켈, 코발트, 망간, 알루미늄 등을 섞어서 구워낸 것인데, 니켈 비중이 높아질수록 배터리를 오래 쓸 수 있거든요. 그러니까 니켈이 엄청 많이 들어간 양극재를 2024년부터 테슬라에 공급한다는 내용입니다.

엘앤에프, 이 회사가 대체 뭔데 테슬라의 선택을 받은 것이냐. 배터리 소재하면 포스코, 에코프로는 알아도 엘앤에프는 모르겠다는 분들 많습니다. 근데 이 회사가 생각보다 '근본 있는' 회사입니다. 엘앤에프의 모기업은 새로닉스란 회사고, 새로닉스가 2000년에 세운 게 엘앤에프인데요. 새로닉스의 최대 주주가 허제홍이란 분입니다. 허제홍이라… 뭔가 느낌

GS그룹 가계도

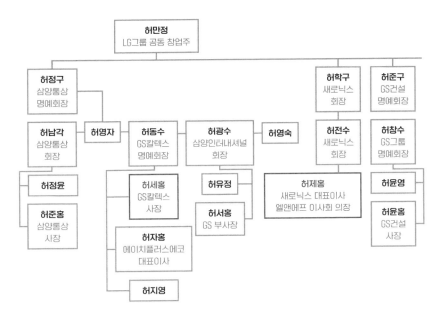

이 오십니까. 허 씨에 홍자 돌림, 재계를 좀 아시는 분들은 눈치채셨을 텐데요. GS칼텍스의 허세홍 사장, GS건설의 허윤홍 사장, 이런 GS 가문의 4세 경영자분들과 항렬이 같아요. GS의 방계 회사라고 할 수 있어요.

GS 4세라고 했으니 3대를 거슬러 올라가 보겠습니다. 허제홍 엘앤에프 이사회 의장의 부친은 허전수 회장이고, 그 위가 허학구 회장인데요. 허학구 회장은 바로 GS그룹의 모태이자 LG를 공동 창업한 허만정 회장의 둘째 아들입니다. 그러니까 허제홍 의장은 허만정 회장의 증손자가 되는 것이죠. GS 가문에 LG도 같은 뿌리였어요.

그러고 보니 회사명 '엘앤에프(L&F)'에서도 뭔가 LG 냄새가 나죠. LG에서 떨어져 나온 회사들, 예를 들면 LS, LX, LT 이런 그룹들이 'L'을 앞세우고 있죠. 예전 LG패션의 현재 사명도 LF입니다. 지금 새로닉스와 엘앤에프를 총괄 경영하는 허제홍 대표도 처음 직장 생활을 지금은 LG디스플레이로 이름을 바꾼 LG필립스에서 했어요. 또 엘앤에프의 원래 사업도 LG디스플레이에 LCD 부품을 납품하는 것이었어요.

엘앤에프가 양극재 사업을 시작한 것은 2005년이었어요. LG와 원래 거래하고 있었으니까, 또 사실상 특수관계인이니까, LG가 배터리 사업을 대대적으로 키운다는 것쯤은 잘 알고 있었을 겁니다. '배터리, 이거 좀 되나 보다' 하고 사업거리를 찾다가 택한 게 양극재였어요. 만약에 양극재 안 했으면 LG, GS 하청에 계속 의존해야 했을 겁니다.

근데 2005년만 해도 전기차 시대는 먼 얘기였고, 10년이 지나도록 매출이 그리 많지 않았어요. 이 회사가 확 뜬 게 니켈 함량이 80~90%인, 아까 테슬라가 사 가기로 했다는 그 하이니켈을 개발하면서부터입니다. 니켈 비중이 50% 안팎 하는 것은 기업들이 꽤 많이들 하는데, 90%짜리는 드물거든요. 니켈 비중을 높이면 뭐가 좋길래 테슬라는 하이니켈을 요구하냐. 아까 설명한 배터리 가격 때문입니다.

우리가 흔히 얘기하는 배터리는 대부분 리튬이온 배터리입니다. 그러니까 리튬이 기본으로 들어간다는 것이죠. 리튬은 물이나 공기에 쉽게 반응해서 폭발 위험이 있어요. 전기차의 배터리 폭발 사고, 뉴스에서 많이 보셨겠지만 무섭잖아요. 불이 나도 잘 안 꺼져서 이것 때문에 전기차 안 산다는 분들도 많죠. 이런 불안정한 리튬을 제어하기 위해서 코발트를 섞는데요. 코발트는 공기와 물에 반응하지 않거든요. 문제는 코발트가 생산량이 적어서 구하는 게 어렵고, 가격도 비싸다는 겁니다. 코발트만 안 써도 배터리값을 확 내릴 수 있을 것 같은데, 안 쓰거나 적게 쓰자니 안정성이 떨어져요. 그래서 코발트를 대체할 것을 찾아 나섭니다.

해결책으로 나온 게 NCM(니켈, 코발트, 망간)인데요. 코발트가 들어갈 자리에 코발트만 넣지 않고 니켈과 망간을 섞는 겁니다. 여기서 특히 니켈이 중요해요. 많이 들어가면 들어갈수록 배터리 가격은 싸지고 용량은 커지는 효과가 있거든요. 엘앤에프는 코발트가 들어갈 자리에 니켈을 90%나 대체하고 나머지 5%를 코발트, 또 5%를 망간으로 한 'NCM구반반(9 ½ ½)'을 주력 제품으로 하고 있어요. 여기에 출력을 높여주는 알루미늄까지 넣어서 NCMA 양극재도 만들어냈습니다. 하이니켈은 이런 NCM 또는 NCMA 양극재를 말합니다.

엘앤에프의 매출이 폭발적으로 늘어난 것도 이 하이니켈 물량이 늘어서 그래요. 특히 LG에너지솔루션이 많이 사 갔어요. LG에너지솔루션은 엘앤에프에서 하이니켈 양극재를 받아서 배터리 셀을 만든 뒤에 어디에 주로 공급했냐면 바로 테슬라였어요. 테슬라는 중국 상하이에 2020년 공장을 짓는데, 여기서 생산하는 전기차는 LG에너지솔루션의 원통형 배터리를 주로 썼어요. 그리고 이 배터리의 양극재, 하이니켈 양극재를 엘앤에프가 공급한 것이었죠.

테슬라는 중국 공장을 짓고 전기차 생산량이 급격히 늘었습니다. 2019년 36만 대쯤 하던 게 2020년 50만 대를 넘겼고, 2022년에는 100만 대를 넘어 2023년 180만 대 이상을 생산하게 됩니다. 테슬라는 파나소닉에서만 배터리를 받다가, 중국 공장을 짓고 LG에너지솔루션, CATL에서도 받기 시작해요. 배터리가 너무 부족해서 난리가 났거든요. 테슬라가 어디에 요청을 했겠어요. 배터리 업체들이었겠죠. 그럼 배터리 업체들은 소재 업체들에 난리를 쳤을 테고요.

엘앤에프는 중견기업인데 수천억 원, 수조 원짜리 공급 계약을 소화하려면 당연히 공장을 마구마구 늘려야 했어요. 연간 양극재 생산량이 2020년만 해도 2만 톤도 채 안 했는데, 2022년에 이걸 13만 톤까지 늘렸습니다. 이렇게 공장을 늘리고 물건을 마구마구 찍어내면, 매출이 당연히 폭증했겠죠.

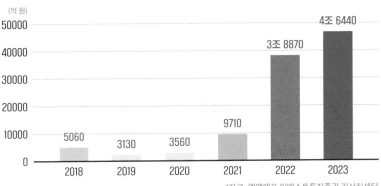

엘앤에프 연도별 매출

(억 원)

연도	매출
2018	5060
2019	3130
2020	3560
2021	9710
2022	3조 8870
2023	4조 6440

*자료: 엘앤에프 이베스트투자증권 리서치센터

2020년 3,000억 원대 수준이던 매출이 2년 만인 2022년 3조 원대로 10배 넘게 급격히 늘었어요. 2023년엔 4조 원을 넘겼습니다.

엘앤에프의 기업 가치는 엄청납니다. 2024년 3월 중순 기준으로 시가총액이 5조 원 안팎에 이르는데요. GS그룹의 지주사인 (주)GS(약 4조 5,000억 원)보다 더 큽니다. 모태인 GS를 뛰어넘은 것이죠. 물론 매출만 보면 GS와 아직 비교는 안 되지만 GS의 주력 사업이 정유와 유통인데 이 사업들이 요즘 그냥 그렇거든요. GS도 사실 10여 년 전에 GS이엠이란 회사를 통해 배터리 소재 사업을 했었는데 좀 해보다 안되나 싶어서 바로 정리했어요. 지금 와서 보면 굉장히 뼈아플 것 같습니다.

물론 허제홍 의장이 마냥 웃을 수만 있는 건 아니에요. 우선 돈이 부족하죠. 주문받아 놓은 것을 소화하려면 공장을 팍팍 더 지어야 해서 투자금이 엄청나게 필요한데요. 충분한 자금을 조달할 수 없었어요. 보통 이렇게 성장하는 회사가 돈 필요할 때 가장 쉽게 하는 게 주식 찍어서 파는 것인데요. LG에너지솔루션도 그렇게 했죠. 엘앤에프는 이게 안 됩니다. 주식 새로 찍으면 경영권을 위협받을 정도로 대주주 지분이 적거든요. 허제홍, 허제현 형제가 보유한 엘앤에프 지분은 3.5%밖에 안 되고 나머지는 새로닉스와 광성전자 같은 계열사를 통해 간접적으로 보유하고 있어요. 그래봐야 23% 수준입니다. 주식도 못 찍고, 대출받긴 부담인데, 그럼 투자금은 어떡하나. 그래서 미국 투자은행(IB) JP모건이 나섭니다.

JP모건은 엘앤에프에 '자사주가 지분의 7.6%에 해당하는 273만 주나 되네. 이걸 담보로 교환사채(회사채의 형태로 발행되지만 일정 기간이 경과된 후 보유자의 청구에 의하여 발행 회사가 보유 중인 다른 주식으로의 교환을 청구할 수 있는 권리가 부여된 사채)란 것을 찍는 거 어떠냐. 내가 주선해준 사채업자들은 빌려준 돈 안 받아도 돼. 대신 담보인 자사주로 받아도 되니까 그때 가서 어떻게 할지 생각하자. 곳간에 자사주 같은 거 가지고 있어 봐야 뭐해'라고 해요.

나름대로 설득력 있죠. 그래서 엘앤에프는 이 자사주를

담보로 자그마치 5억 달러, 6,000억 원이 넘는 사채를 끌어다 씁니다. 그럼 사채업자들은 나중에 자사주를 받아서 뭐에 쓰려고 할까요. '주가 오르면 팔아서 대박 한번 내보겠다. 사채로 원금, 이자받는 것보다 훨씬 크게 남겨 먹을 가능성에 배팅하겠다'입니다.

5년 뒤에 사채업자들이 행사할 수 있는 옵션 가격은 주당 43만 원이 좀 넘어요. 그러니까 JP모건은 엘앤에프 주가가 '지금의 더블은 최소 간다'고 본 것이죠. 안타깝게도 이때가 주가로 봤을 땐 단기 고점이었던 것 같아요. 2024년 3월 주가는 10만 원대 중반 선입니다. 불과 1년 만에 업황이 크게 꺾인 영향인데요. 한국에서 양극재 '4대장'으로 꼽히는 게 에코프로비엠, 포스코퓨처엠, 코스모신소재, 엘앤에프죠. 근데 2023년 4분기 기준 코스모신소재를 제외하곤 전부 적자가 났습니다.

엘앤에프가 GS, LG 쪽이라 한계도 있어요. 우선 LG 말고 다른 회사들이 엘앤에프 것을 써주냐는 것인데요. 예전에는 '네 편, 내 편'이 확실했어요. 예를 들어 에코프로비엠만 해도 삼성SDI가 내 편이었고, 포스코퓨처엠은 LG에너지솔루션이 내 편, 이런 불문율 같은 게 있었어요. 근데 요즘은 '네 것, 내 것이 어딨어. 그냥 주문한 놈이 임자'입니다. 엘앤에프만 해도 현재 양극재의 약 70%가 LG로 나가는 것인데, 이게 몇 년 안에 절반으로 낮아질 것 같다고 회사 측에서 설명을 해요. 대신

에 양극재를 SK온 같은 다른 곳에 공급하고, 또 테슬라 이외에 폭스바겐이나 포드 같은 자동차 회사에도 직접 공급할 가능성이 커지고 있어요.

테슬라가 받아준 양극재잖아요. 이거 레퍼런스가 엄청 됩니다. 만약 테슬라뿐 아니라 다른 브랜드 전기차에도 엘앤에프 양극재가 많이 쓰이고 공장도 미국, 유럽 같은 곳에 지어서 그 나라들에서 생산이 잘 된다면, 기업 가치가 10조 원을 넘어 100조 원도 갈 수 있을 것 같아요. 배터리 산업이 2023년 하반기 이후 급격히 꺾였지만, 전기차 산업의 발전은 계속될 것이고, 테슬라에 배터리 소재를 공급하는 엘앤에프가 그 성장의 혜택을 받을 것이라는 점은 분명합니다.

숨겨진 배터리 고수의 필살기

한국의 10대 그룹 대부분이 이차전지와 배터리 사업을 하는데요. 2023년 공정거래위원회가 발표한 자산 총액 기준 1위 삼성을 시작으로 2위 SK, 3위 현대자동차, 4위 LG, 5위 포스코, 6위 롯데 등이 하고 있습니다. 배터리는 전기차뿐만 아니라 태양광이나 풍력 같은 신재생 에너지의 저장에도 필요하고요. 로봇이나 우주 산업에도 필요해요. 무조건 커질 수밖에 없는 산업이죠.

그런데 여러분이 만약 대기업 회장인데, 본인 회사는 배터리 사업이 없어요. 그럼 배터리 사업 안 하고 그동안 뭐 했나 싶지 않겠습니까. 그래서 늦었지만 배터리 사업을 하는 기업들도 꽤 있습니다. 물론 이 가운데 상당수는 10년, 20년 뒤에 쉽지 않을 수 있어요. 마라톤 경주에서 5분 늦게 출발해서 1등 하는 게 불가능한 건 아닌데, 여간해선 어렵죠. 그런데 이 회사라면 할 수 있지 않을까 하는 생각이 듭니다. 이번 주제는 비철금속 최강자 고려아연입니다.

고려아연이 뭐 하는 회사인지 알아보기 전에, 우선 이 회사가 배터리의 무엇을 하겠다는 건지부터 살펴보겠습니다. 크게 세 가지가 있어요. 우선 동박인데요. 울산에 공장을 지어놨고, 동박을 구매할 기업들과 시험도 했습니다. 양산 단계에 이르렀다고 보면 됩니다. 동박은 배터리의 음극활 물질을 감싸는 역할을 해요. 배터리 소재하면 흔히 양극재, 음극재, 분리막, 전해액 네 가지를 꼽는데요. 여기서 음극재는 다시 음극활 물질과 음극 기재로 나뉘게 됩니다. 음극활 물질은 흑연을 주된 재료로 쓰는데, 음극 기재는 고려아연이 하겠다는 동박을 쓰죠.

배터리에는 얇은 막들이 많이 들어가는데 동박도 그중에 하나라고 보면 됩니다. 동박은 어떻게 만들까요. 동이 구리잖아요. 구리를 얇고 넓게 펴서 만들어요. 집에서 쓰는 쿠킹 포일을 떠올리면 이해가 편합니다. 물론 쿠킹 포일보다 훨씬 얇고 넓습니다. 동박 시장은 전기차 배터리 시장이 커지면 같이 크는데요. 동박의 세계 시장 규모가 2020년 13.5만 톤밖에 안

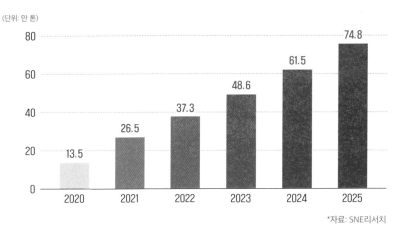

배터리용 동박 글로벌 수요 전망

(단위: 만 톤)

- 2020: 13.5
- 2021: 26.5
- 2022: 37.3
- 2023: 48.6
- 2024: 61.5
- 2025: 74.8

*자료: SNE리서치

됐는데, 2023년 48만 톤을 넘겼고, 2025년이면 75만 톤에 육박할 것이란 예측이 나옵니다.

동박 시장은 2022년 기준 SK 계열의 SK넥실리스가 점유율 22%로 1위고, 중국의 왓슨, 대만의 창춘, 그리고 롯데에너지머티리얼즈 순이에요. 롯데도 배터리 소재 후발 주자인데 일진그룹에서 동박 사업을 인수해서 하고 있고 고려아연은 직접 공장을 세워서 한다는 차이가 있습니다. 고려아연 동박 공장은 1년에 1만 3,000톤 정도 생산할 수 있다고 해요. 이건 시작에 불과하고요. 5년 안에 10만 톤으로 늘리겠다고 합니다. 10만 톤, 감이 잘 안 오시죠. 1위 SK넥실리스가 연간 5만 톤쯤 생산하고 있거든요. 10만 톤을 진짜로 하면 SK넥실리스를 잡는 거죠. 물론 다른 회사들도 공장을 늘리고 있어서 실제로 1위는 힘들지만, 세계적으로 봐도 꽤 규모 있는 회사가 됩니다.

두 번째로 하려는 게 전구체입니다. 전구체 공장도 역시 울산에 세워지게 되는데요. 동박과 다르게 이건 혼자 하는 게 아니라 LG화학과 함께합니다. 고려아연 자회사 중에 켐코란 회사가 있는데, 켐코와 LG화학이 지분 51대 49 비율로 출자해서 전구체 공장을 짓습니다.

전구체는 아까 얘기한 배터리 4대 소재 가운데 양극재의 재료가 됩니다. 배터리 주가도 양극재 회사를 중심으로 올랐죠. 에코프로비엠, 포스코퓨처엠, 엘앤에프가 다 양극재 회사예요. 그만큼 중요하고, 또 비싸다는 의미입니다. 이 전구체가 지금은 대부분 중국에서 오고 있어요. 특히 한국이 주력으로 하는 NCM(니켈, 코발트, 망간)과 NCA(니켈, 코발트, 알루미늄) 같은 화합물들은 90% 이상 중국산이에요. LG화학도 양극재 사업을 하는데 중국에 전구체를 너무 의존하고 있어서 공장을 직접 짓기로 했어요. 그리고 그 사업의 파트너로 고려아연을 선택했습니다.

마지막으로 폐배터리 사업인데요. 전기차를 폐차하면 부품 중 가장 비싼 게 당연히 배터리죠. 이거 어떻게든 다시 써야 할 텐데요. 고려아연도 폐배터리를 떼어내서 원료를 뽑아

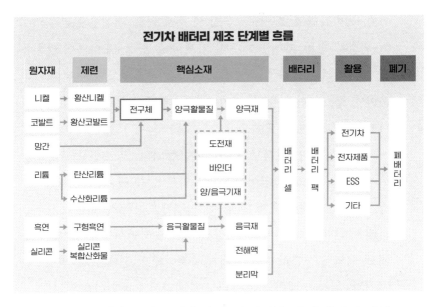

전기차 배터리 제조 단계별 흐름

| 원자재 | 제련 | 핵심소재 | | 배터리 | 활용 | 폐기 |

원자재: 니켈 → 황산니켈, 코발트 → 황산코발트, 망간, 리튬 → 탄산리튬 → 수산화리튬, 흑연 → 구형흑연, 실리콘 → 실리콘 복합산화물

핵심소재: 전구체 → 양극활물질 → 양극재, 도전재, 바인더, 양/음극기재, 음극활물질 → 음극재, 전해액, 분리막

배터리: 배터리 셀 → 배터리 팩

활용: 전기차, 전자제품, ESS, 기타

폐기: 폐배터리

내겠다는 계획을 하고 있습니다. 이 사업을 하기 위해서 미국의 폐스마트폰, PC 수거 업체 이그니오홀딩스를 2022년에 인수했어요. 고려아연은 이그니오를 통해서 미국에서 전기차 폐배터리까지 확보하려고 합니다.

이렇게만 보면 계획은 그럴듯합니다. 그런데 고려아연이 이 사업들을 정말 잘할 수 있을까 하는 의문도 당연히 듭니다. 포스코, 에코프로 같은 쟁쟁한 회사들이 이미 버티고 있고, 또 중국 회사들 실력도 만만치 않거든요. 그런데 고려아연의 기존 사업을 보면 해볼 만하겠다는 생각이 절로 드는데 한번 살펴볼까요. 회사 이름처럼 아연이 주요 사업입니다. 아연은 철이 녹슬지 말라고 표면에 도금할 때 주로 써요. 건설용으로 쓰이는 철강 제품, 아니면 자동차 차체 등을 만들 때 아연이 많이 들어갑니다. 고려아연은 아연 시장 글로벌 1등 회사로 철 분야에 포스코가 있다면, 철 이외의 비철금속 분야에선 고려아연이 있다고 할 정도예요.

실적을 보면 생각보다 어마어마합니다. 2023년 기준으로 매출은 10조 원 안팎이고 영업이익은 6,500억 원가량 됩니다. 이 회사가 대단한 게 1974년에 설립됐으니까 꼭 50년이 됐는데 아연 제련 분야 한길만 걸었어요. 그러면서도 착실하게 매출, 이익을 꾸준하게 늘린 게 인상적이네요. 근데 이런 '범생이' 같은 회사가 배터리 좀 뜬다고 트렌디하게 배터리를 하나? 혹시 늦바람 들었나? 그건 아니고요. 이 회사가 하는 사업과 배터리 소재가 엄청나게 가깝습니다.

아연을 어떻게 만드냐면요. 아연이 잔뜩 들어 있는 돌덩이를 잘게 부숴 가루로 만든 것을 정광이라고 하는데요. 이 정광을 제련해서 최종적으로 금괴처럼 생긴, 아연괴로 만들어 팔아요. 그런데 이 가루에 아연만 있느냐. 다른 물질도 잔뜩 함유되어 있어요. 예를 들면 연, 납이라고 하죠. 납축전지에 들어가는 그 납이요. 납도 많이 나오고, 또 금, 은, 동도 잔뜩 섞여 있습니다. 잠깐, 동도 나온다고 했는데 고려아연이 하는 배터리 사업 첫 번째가 동박이라고 했잖아요. 동박의 재료를 고려아연은 이미 만들고 있었던 겁니다.

다른 동박 회사들이 동을 사서 동박을 만들 때, 고려아연은 그냥 가진 거 쓰면 되는 거죠. 우선 한 번은 먹고 들어가는 거네요. 근데 동박을 만드는 과정도 아연 제련할 때와 비슷해요. 동박은 구리를 황산에 녹여서 전기분해한 뒤에 회전하는 티타늄 드럼 표면에 얇게 코팅하는 과정을 거치는데요. 이 과정이 아연 제련 공정과 비슷하죠.

아연 용액을 전기분해하면 알루미늄 음극판에 아연이 죽 달라붙게 되는데, 이 원리를 동박에도 적용할 수 있다는 얘기입니다. 동박은 그렇고, 양극재 원료인 전구체는 어떨까요. 아까 LG화학과 양극재 전 단계인 전구체 공장을 짓기로 했다고 했는데요. 이 전구체에 들어가는 것 중 하나가 황산니켈입니다. 그리고 이 황산니켈을 LG화학과 합작사를 세운다는 고려아연 자회사 켐코가 생산하고 있어요. 켐코는 국내 유일의 황산니켈 생산 기업인데, 연간 생산할 수 있는 규모가 4만 톤쯤 된다고 해요. 여기 설비를 더 늘려서 10만 톤까지는 확장한다고 합니다.

그러니까 고려아연은 원래 생산했던 황산니켈의 판로를 전구체 사업으로 확보하게 된 측면도 있어요. 황산니켈은 배터리 소재 사업을 일찍부터 시작한 포스코조차 이제서야 공장을 짓고 있어요. 황산니켈 분야에서만큼은 고려아연이 먼저 한 겁니다. 폐배터리 사업도 연관성이 크죠. 앞서 고려아연이 인수했다는 미국 회사 이그니오는 폐스마트폰 회수는 잘하지만, 그 부품들을 녹여서 금, 은, 동 같은 금속을 뽑아내는 노하우는 갖고 있지 못해요.

반면에 고려아연은 이 분야에선 세계 최고 수준의 기술이 있잖아요. 고려아연이 걱정하는 것은 폐배터리를 충분히 확보하지 못하는 것이지, 뽑아내는 건 전혀 걱정이 없어요. 배터리만 있으면 얼마든지 비금속 분야 메탈은 확보하는 게 가능합니다.

아, 강점이 하나 더 있네요. 이 모든 걸 한국과 미국에서 한다는 것. 공장이 한국과 미국에 있으면 엄청 좋은 게 있죠. 바로 미국의 인플레이션 감축법 세액공제 혜택을 받게 됩니다. 전기차 한 대당 세액공제액이 7,500달러, 즉 1,000만 원에 달해요. 동박, 전구체 같은 것은 이 법에 따르면 광물로 들어가는데요. 미국이나 한국에서 일정 규모 이상 생산 시설을 갖고 있어야 7,500달러를 받을 수 있습니다. 현대차, 기아, 테슬라, GM, 포드의 전기차 경쟁이 엄청 치열한데, 이 보조금이 적용 안 되면 7,500달러가 날아가는 셈이니까 당연히 한국, 미국 공장에서 생산한 배터리 소재를 써야 해요.

이렇게 보면 고려아연이 배터리 사업을 하는 게 맞는 것 같은데 문제가 하나 있어요. 요즘 본업이 안 좋다는 거죠.

고려아연 매출에서 가장 큰 비중을 차지하는 게 아연과 연인데요. 매출의 절반이 넘는 이 사업이 2022년 이후 확 꺾였습니다. 특히 아연이 안 좋았죠. 아연 팔아서 돈을 많이 남기려면 우선 국제 아연 시세가 높아야 하는데요. 아연 가격이 엄청 내려갔어요. 기준이 되는 런던금속거래소(LME)에서 아연 가격이 2021년 한때 톤당 4,500달러가 넘었는데, 2023년 3,000달러 아래로 내려와선 2024년 3월 기준 2,500달러 안팎에 불과해요. 아연을 중국에서 가장 많이 사 가는데, 중국 경제가 생각보다 안 좋아서 아연 가격이 힘을 못 받고 있어요. 이 탓에 고려아연의 실적은 영업이익 기준 2021년 정점을 찍고 계속 내려가고 있습니다.

2021년에 1조 원이 넘었던 영업이익이 2023년에 6,000억 원대로 크게 줄었어요. 그나마도 금, 은 같은 부산물 가격이 괜찮았어서 선방한 편이고요. 주력인 아연, 연은 한동안 어렵다는 게 전문가들 전망이죠. 아연, 연 사업에서 이익을 팍팍 내줘야 배터리 소재 사업이 힘을 받을 텐데, 이렇게 되면 고려아연도 배터리 분야 투자할 때 위축될 수밖에 없을 것 같아요.

또 하나 리스크는 경영권입니다. 고려아연은 크게 보면 영풍그룹 소속인데 영풍그룹은 장씨 일가와 최씨 일가가 동업해서 세운 회사예요. LG를 구씨, 허씨 일가 동업으로 세운 것처럼요. LG는 후대에 허씨 일가를 분사시켜 GS를 세웠는데, 영풍은 아직까진 동업 형태를 유지하고 있어요.

그런데 여기도 후대로 가면서 조금씩 불안해지고 있습니다. 최기호 창업주의 3세인 최윤범 회장이 2023년 초에 회장으로 취임한 뒤에 계열 분리 가능성이 계속 제기되고 있어요. 지분만 보면 장씨 일가 쪽이 훨씬 더 많은데, 이사회는 최윤범 회장이 장악하고 있습니다. 장씨 쪽에서 마음에 안 들면 이사회를 뒤엎어야 하는데, 그럼 주주총회에서 표 대결을 해야 하고 좀 복잡해져요.

최윤범 회장이 지분에서 밀리니까 회사가 보유하고 있었던 자사주를 사업을 같이 하는 다른 곳에 넘겨서 우호 지분으로 확보합니다. 전구체 사업을 같이 하는 LG화학, 수소 에너지 분야에서 협력하기로 한 한화 같은 곳이에요. 이렇게 해서 최윤범 회장은 2023년 말 기준으로 장씨 일가가 보유한 지분 32%를 뛰어넘는 33.2%의 지분을 확보했어요.

최윤범 회장으로서는 자신을 지지해줄 '백기사'를 확보하고, 자사주 팔아서 회사에 돈이 들어오니까 투자금도 확보하고, 피를 섞어 사업 파트너십도 공고히 하고 '일석삼조' 효과를 노린 것 같아요. 물론 이해관계가 잘 맞아떨어지려면 고려아연이 배터리 사업을 제대로 안착시켜서 백기사들 주가도 올려주고, 자신의 경영 능력을 입증하는 계기로도 삼아야 할 겁니다.

고려아연 지분 구조

(단위: %)

- 최윤범 고려아연 회장 및 특수관계인 18.1
- 현대차그룹 5.0
- 한화계열 8.1
- LG화학 2.0
- ㈜영풍 25.2
- 장형진 영풍그룹 고문 및 특수관계인 6.8

33.2
32.0

*자료: 사업보고서·업계(2023년 12월 기준)

고려아연처럼 오래됐고, 지배구조도 복잡하고, 사업이 소비재가 아닌 B2B(기업 간 거래) 사업인 회사들은 대체로 굉장히 보수적인데요. 고려아연은 이유가 어찌 되었든 대단히 과감하게 배터리 사업에 투자해서 변화를 꾀하고 있습니다. 그래서 그런지 비철금속 회사들 주가가 요즘 그렇게까지 좋진 않은데, 고려아연은 실적이 꺾이는 것을 고려하면 대단히 선방하고 있고요. 물론 배터리 사업이 점점 가시화될수록 주가나 실적에는 훨씬 더 긍정적인 영향을 줄 것 같죠. 고려아연이 부디 제2의 포스코가 되어서 한국 배터리 산업의 중추적인 역할을 맡길 기원합니다.

3장

방산

LIG넥스원

진격의 K방산,
한국산 미사일 수출 길 열다

K팝, K배터리, K뷰티, K푸드… 요즘 잘 나가는 산업에는 어김 없이 'K'자가 붙는데요. '국뽕'이 과하다 싶을 정도로 K를 남발하는 것 아닌가 하는 생각도 들지만 이 산업은 진짜 K를 붙여 줘도 될 것 같습니다. 바로 방산이에요. 무기는 미국, 러시아처럼 군사 강국이나 수출하는 줄 알았는데 한국도 어느덧 무기 팔아 돈 버는 나라가 됐습니다.

2022년 수출액이 173억 달러, 22조 원쯤 했는데 이게 2021년과 비교하면 140%나 증가한 것이죠. 폴란드, 아랍에미리트(UAE) 등의 국가에 수출을 많이 해서 그렇습니다. 한국은 북한과 대립하고 있어서 어쩔 수 없이 무기를 많이 만들어야 했는데

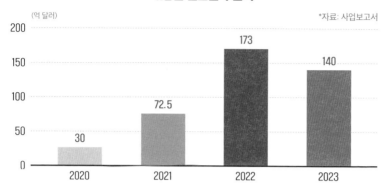

K방산 연도별 수출액

(억 달러)   *자료: 사업보고서

- 2020: 30
- 2021: 72.5
- 2022: 173
- 2023: 140

이 무기를 생산하고 있는 방산 기업들이 달러까지 벌어오는 역할을 하고 있으니, 이건 좋습니다.

K방산 대표 기업이라고 하면 K9 자주포를 생산하는 한화에어로스페이스, 전투기 FA50을 개발한 KAI, K2 전차로 수출 대박을 터트린 현대로템, 그리고 LIG넥스원이 있습니다. 이 중에서 LIG넥스원은 정밀 타격 무기, 쉽게 말해 미사일을 주로 만드는데 이게 꽤 관심을 받고 있어요. 현대전은 미사일 싸움이라고도 하죠.

LIG넥스원은 LIG그룹의 주력 계열사입니다. 사실 주력 계열사라고 할 것도 없어요. LIG의 사실상 전부죠. 원래 LIG는 국내 굴지의 금융 그룹이었습니다. LG그룹 창업주인 구인회 회장의 첫째 동생 구철회 회장이 1999년 LG화재보험을 들고나와서 세운 게 LIG그룹이에요. LIG의 'I'가 인슈어런스(insurance), 보험이란 의미였습니다. LIG그룹은 계열 분리 뒤에 빠르게 사세를 확장했는데요. 금융 분야에선 증권사, 투자 자문사를 세웠고 건설업에 진출해 건영, 한보건설 등을 인수했어요. 또 LCD 모니터 제조 사업도 했고요. 방위 산업은 그룹 내에서 차지하는 위상이 높진 않았어요.

그런데 2008년 글로벌 금융위기가 오면서 건설업이 망가진 게 그룹 해체의 발단이 됩니다. 프로젝트 파이낸싱(PF) 부문에서 대규모 부실이 생기면서 LIG건설이 2011년 법정 관리에 들어가게 되는데요. 법정 관리 직전에 회사 부실을 숨기고 기업 어음(CP)를 2,000억 원어치나 발행해 엄청난 사회적 지탄을 받아요. 법정 관리에 들어간 뒤 이 CP는 사실상 휴지가 됐거든요. '듣보잡'도 아닌 LG 방계의 대기업이 투자자들에게 '빅 엿'을 먹인 거죠. 이게 사기 행각이라는 피해자들과 검찰의 주장을 법원이 받아들입니다.

이 탓에 당시 총수였던 구자원 회장, 그리고 그의 두 아들 구본상(현 회장)과 구본엽(현 부회장)이 함께 구속까지 됩니다. 또 회사가 어려워지면서 그룹의 모태인 손해보험까지 팔았어요. 사실상 그룹이 해체된 거죠. 이때 팔린 보험사가 지금의 KB손해보험입니다.

졸지에 소년 가장이 된 LIG넥스원은 그룹 내에서 사실 대단한 계열사는 아니었어요. 1970년대에 세워졌는데 미국이 쓰던 구식 미사일인 나이키 미사일을 정비하는 것으로 시작했죠. 미사일 나사 잘 조여졌나, 기름은 잘 발라졌나, 어디 새는 데 없나. 이런 기본적인 일부터 합니다. 미사일 정비를 하면서 자연스럽게 미사일 기술이 쌓였겠죠. 이 기술을 바탕으로 1990년대 독자적으로 미사일을 만드는 데 이릅니다. 지금도 매출의 절반 이상이 미사일에서 나오고 있어요. 또 전투가 벌어졌을 때 지휘부가 판단할 데이터를 수집하는 지휘 통제 시스템, 적군을 탐지하는 역할을 하는 감시정찰, 그리고 드론 등 미래 전투 장비 등도 사업으로 하고 있어요.

방산 기업이 LIG넥스원 말고도 많은데 정말 순수하게 방산만 하는 곳은 LIG넥스원 이외에는 잘 없어요. 현대로템은 기차 사업이 크게 있고, 한화에어로스페이스도 위성 같은 사업들이 있고요. 근데 LIG넥스원은 진짜 방산만 해요. 이 회사는 그동안 대한민국 정부에 납품만 했어요. 사실 한국의 방산 기업 대부분이 그랬죠. 내수 비중이 절대적으로 컸습니다. 수출을 해도 10% 안팎이었습니다.

그런데 2022년 '사건'이 발생하죠. 아랍에미리트가 LIG넥스원의 미사일을 한꺼번에 4조 원어치나 사겠다고 한 겁니다. 정확히는 36억 달러 계약했는데, 미사일뿐 아니라 레이더와 발사대까지 포함한 거라 미사일만 보면 22억 달러, 2조 6,000억 원가량 합니다.

천궁(ⓒ 연합뉴스)

　아랍에미리트가 사기로 한 미사일이 천궁2인데요. 이 미사일은 기존 천궁1의 성능을 개량해서 날아오는 비행기뿐 아니라 미사일까지 쫓아가서 맞출 수 있는 게 특징입니다. 한국에서도 실전 배치한 지 1년밖에 안 됐는데, 이걸 바로 사 간 거죠. 사실 아랍에미리트는 날아오는 미사일 때문에 골치가 아픈데요. 특히 이란 정부의 후원을 받는 것으로 알려진 예멘 반군 후티가 미사일을 수시로 쏩니다. 이 미사일을 천궁2로 방어하겠다는 게 아랍에미리트 구상 같아요.

　사실 후티의 공격은 사우디아라비아에도 이어지고 있죠. 그래서 사우디도 천궁2를 사기로 했습니다. 2024년 2월에 32억 달러 어치를 구매하는 계약을 맺었어요. 아랍에미리트가 구매한 것이 영향을 미친 겁니다.

미사일뿐만 아니라 통신 장비도 수출을 많이 하는데요. LIG넥스원이 통신 장비 분야에서도 꽤 하거든요. 2022년 말에 인도네시아 경찰이 통신 장비를 4,000억 원어치나 사기로 했습니다. 다만 이런 대규모 수출 계약은 보안 사안이라 언제, 어떻게 납품이 되는지 알 수 없어요. 특히 공격 무기의 경우 정말 잘 안 알려요. 이게 알려지면 주변국에서 난리를 치거든요. 그래서 각각의 계약 사항 말고 총액, 그러니까 잔고나 매출을 통해서 간접적으로 확인할 수 있습니다. 수주를 한번 볼까요. 2023년 말 기준 LIG넥스원의 수주 잔고는 약 19조 6,000억 원으로 2022년 말 대비 약 60%나 증가했어요. 역대 최고치를 매년 경신하고 있습니다.

이러한 수주가 실제 실적에 반영되면서 LIG넥스원의 매출, 영업이익이 2022년에 사상 최대치를 기록한 데 이어서 2023년엔 이마저도 뛰어넘었죠. 매출은 약 2조 3,000억 원, 영업이익은 1,850억 원가량 했습니다. LIG넥스원은 사상 최대 실적을 축하하기 위해 2024년 4월에 서울 잠실 롯데월드를 통째로 빌려서 임직원과 그 가족을 초청하는 행사를 하기도 했습니다.

수주 잔고가 계속 급격히 늘 순 없겠지만, 이미 잡아놓은 수주만 해도 연간 매출의 약 8배에 이르는 물량이어서요. 이 잔고가 매출로 바뀌면서 당분간 실적은 계속 좋아질 것으로 보입니다. 업계에선 중동, 유럽, 아시아 등에서 추가 수주가 나올 것으로 예상해요. 천궁의 경우 중동 국가뿐 아니라 말레이시아가 관심이 많다는데요. 여긴 한국형 전투기 FA50을 산 적이 있어서 한국 미사일을 사는 것도 거부감이 없습니다.

천궁과 경쟁하는 게 '나삼스(NASAMS)'란 미사일인데요. 워낙 많이 팔린 미사일이라 천궁보다 신뢰성이 더 크지만 당장 받을 수 없다는 게 문제입니다. 주문이 밀려 있어서 2~3년은 걸려요. 아무리 좋아도 당장 물건을 못 받으면 사는 입장에서 주저되잖아요. 코로나19 시기 한국에 미사일을 주문하면 우선 빠르게 만들어서 현지 사정에 맞게 튜닝까지 잘 해줬어서 유리한 부분도 있어요.

천궁 말고 또 주목되는 게 '현궁'인데요. 현궁은 전차 잡는 미사일이라고 보면 됩니다. 군인들이 들고 다니거나, 차에 싣고 다니면서 쏠 수 있어서 기동성이 좋죠. 러시아의 침공에 맞서 우크라이나 군인들이 반격하는 데 전차 잡는 미사일을 적극적으로 활용했다고 하죠. 우크라이나 군인들이 주로 쓴 게 FGM148 재블린 미사일인데요. 미국이 우크라이나에 재블린을 지원하면서 현재 전 세계적으로 재블린 재고가 부족합니다. 미국은 7~8년 치 생산량에 해당하는 8,000발을 지원했다고 하죠.

현궁 수출, 가능성 있어 보이죠. 현궁은 가격도 싸요. 한

현궁(ⓒ 연합뉴스)

발에 1억 원쯤 합니다. 재블린이 3억 원인데 반값도 안 하네요. 다만 현궁은 사거리가 짧아요. 2.5km 수준으로 재블린 사거리의 절반에 불과한데요. 그래서 가격이 싼 건 아니고 처음 개발할 때 한반도 지형에 맞춘 것이라 그렇죠. LIG넥스원은 수출을 위해 사거리를 늘리고 있다고 합니다.

여기에 보병이 들고 다니면서 전투기를 향해 쏠 수 있는 '신궁'도 수출을 기대하고 있어요. 신궁은 전투기가 미사일을 피하기 위해서 쏘는 플레어를 알아볼 수 있다고 해요. 도망가는 걸 잘 잡는다는 얘깁니다. 신궁과 비슷한 FIM92 스팅어가 현재 우크라이나군에서 활용하고 있는데 러시아 전투기를 꽤 많이 잡았다고 하죠.

물론 좋은 것만 있진 않아요. 2022년, 2023년 역대급 수주를 해서 2024년 개발비 부담이 있습니다. 무기를 수주하면 바로 만들어서 주는 건 아니죠. 개발하는 기간이 필요해요. 이때 개발비가 예상보다 엄청 많이 나갈 때가 있어요. 때론 물건 팔아 적자를 내기도 합니다. LIG넥스원이 종종 4분기마다 이익이 기대치에 못 미치거나 확 꺾일 때가 있는데요. 개발 충당금이란 걸 많이 쌓아서 그렇습니다.

특히 2023년부터는 한국형 아이언돔이라고 하죠. 북한의 장사정포 공격이 있으면 이걸 탐지해서 맞추는 'LAMD(Low Altitude Missile Defense)' 레이더, 그리고 전투기에 탑재해서 상대편의 표적을 정밀 공격하는 한국형 타우러스 '천룡' 개발이 본격화됐습니다. 또 2022년 말에 북한의 드론이 서울까지 넘어와서 난리가 난 적이 있었는데 한국군이 새롭게 설립한 드론 작전사령부에 필요한 통합 운용 시스템도 본격적으로 개발해야 합니다. 이런 새로운 사업을 하려면 사람도 뽑고 인건비도 많이 써서 당장은 이익이 줄어들 여지가 있어요.

근데 이런 건 반대로 생각하면 오히려 좋은 거죠. 일감이 많이 생기는 것이니까요. 투자비를 많이 쓸수록 앞으로 회사의 발전 가능성은 큰 겁니다. 이거보다 더 큰 리스크가 사업이 지연되는 것이에요. 수출이 많아졌다고 해도 아직은 내수가 훨씬 큰데요. 종종 군의 대규모 사업이 지연되고는 합니다. 육군의 통신 장비 교체 사업이 대표적이었죠. PRC999K란 구닥다리 무전기를 교체하려고 육군이 2000년대 중반부터 사업을 했는데요. 그래서 나온 게 TMMR(차세대 군용 무전기)입니다.

근데 이게 도입이 계속 지연됐어요. '사업 타당성이 없다', '제품에서 노이즈가 심하다' 등 여러 지적 사항이 나왔기 때문인데요. 이 사업에 LIG넥스원이 단독으로 응찰했는데, 이 것도 말이 많이 나왔어요. 2022년 말에 800억 원 규모의 수주를 하긴 했지만, 원래 사업 규모가 1조 2,000억 원에 달했던 것과 비교하면 턱없이 적었습니다. 다행히 2023년 말 후속 양산으로 8,500억 규모의 계약을 하긴 했지만 이런 식으로 사업이 중간에 취소되거나 지연되는 사례들이 꽤 있어요. 이건 방산 기업들이 안고 있는 공통의 리스크죠.

방산은 세계 각국의 긴장이 고조되는 시기에는 어쩔 수 없이 성장하는 경향이 있습니다. 미국의 2023년 국방 예산은 10%나 늘었고, 인도는 13%, 프랑스는 7%, 독일은 17%, 일본은 26%나 증가했어요. 러시아가 2022년 우크라이나를 침공한 지 2년이 훌쩍 넘었지만 전쟁은 끝날 기미가 없고, 오히려 세계에서 제일 센 국가인 미국과 중국이 '맞짱'을 뜰 기세입니다.

대만을 놓고 군사적 충돌 가능성까지 언급이 됩니다. 설마 싸우진 않겠지만 한동안 전투기 날리고 바다에 미사일 쏘는 일은 계속되겠죠. 여기에 북한도 우리 머리 위에서 하루가

멀다고 미사일을 날리고 있습니다. 이걸 일일이 다 탐지하고, 추적하고, 때에 따라 요격까지 하려면 방산 수요가 엄청날 겁니다. 이런 긴장 고조가 결코 좋다고는 할 수 없지만 그렇다고 신세 한탄만 하고 있을 순 없죠. 한국의 국력이 향상되고 외화벌이까지 하는 반전 기회로 삼았으면 합니다.

텅텅 빈 미국과 유럽의 무기고, 풍산에 쏟아지는 포탄 주문

만약에 이런 일은 일어나지 않길 바라지만 미국과 러시아가 싸운다면 혹은 미국과 중국이 싸운다면 어떻게 싸울 것 같으세요? 항공모함 뜨고, 전투기 출격하고, 미사일 서로 쏘고 뭐, 이런 그림이 그려지지 않나요? 물론 이런 첨단 무기도 많이 쓰이겠지만 결국에는 총 쏘고, 포탄 쏘는 재래식 전쟁으로 흐를 가능성이 있다고 합니다. 마크 밀리 미군 합참의장이 2023년 4월 미국 하원 청문회에 나와서 밝힌 내용이에요.

　실제로 우크라이나에서 그랬죠. 러시아의 침공에 맞서 우크라이나가 강력하게 저항했는데 이때 가장 큰 역할을 한 게 포병이었어요. 유럽연합(EU)이 두 나라가 개전 이후 얼마나 많은 포를 쐈나 분석해봤더니 단 하루에 러시아는 2만에서 5만 발을, 우크라이나는 4,000발에서 7,000발을 쐈다고 해요. 상황이 이러니 미국이나 유럽이 우크라이나에 지원한 포탄만 이미 200만 발 이상이라고 하죠. 그래도 부족하다고 우크라이나는 계속 지원을 요청하고 있습니다.

그런데 이 포탄, 아무리 만들어도 수요를 못 따라가고 있어요. 미국과 EU가 포탄을 만들어서 우크라이나에 계속 줬더니, 정작 자기들 무기고가 바닥난 건데요. 러시아도 그렇죠. 얼마나 부족한지, 북한 것도 받아서 쓰고 있다고 미국이 위성 사진을 증거로 공개하기도 했습니다.

"그래서 한국 무기고는 괜찮은 거야?"라고 물으면, 다행히 괜찮습니다. 포탄, 탄약은 한국 기업의 기술력이 높고, 공장도 잘 갖춰져 있습니다. 이번 주제는 류성룡의 후예, 숨겨진 K방산 풍산입니다.

풍산이 잘 알려진 회사는 아니죠. 사업이 단순해요. 동을 생산합니다. 동은 구리에 아연, 니켈 같은 금속을 섞어서 만든 것이죠. 대표적인 동제품이 동전이죠. 동전에 글자나 모양이 새겨지기 전 형태를 '소전'이라고 하는데 풍산은 세계 소전 시장의 약 50%를 점유하고 있는 이 분야 1위입니다. 70여 개 국가에 수출하고 있어요. 유로화 동전도 풍산이 만들죠. 또 탄약도 만드는데요. 탄약에 들어가는 화약은 한화 같은 회사가 만들고, 껍데기에 해당하는 탄피나 외피를 풍산이 제조합니다. 동으로 할 수 있는 게 많죠. 탄약은 굵기로 구분하는데 5.56mm 소구경탄부터 155mm 곡사포탄, 227mm 다연장 로켓 등 거의 모든 탄약을 군에 납품하고 있습니다.

풍산의 창업가 류찬우 회장은 원래 일본에서 무역업을 크게 하던 분입니다. 한국에서 사업을 하게 된 것은 박정희 정부 때인 1968년이었어요. 박정희 정부가 일본에서 사업하는 사람들을 불러 "한국에 투자해라, 그게 애국이다"라고 해서 세운 게 풍산입니다. 풍산이란 회사 이름은 류찬우 회장이 '풍산 류씨'여서 여기서 따온 겁니다. 뭔가 가문에 대한 애정이 넘치죠.

그럴 만한 이유가 있더라고요. 류찬우 회장은 조선 최고의 명재상으로 꼽히는 류성룡의 12대손입니다. 류성룡은 정치, 경제, 군사 등 다방면에서 활약했지만, 이순신을 천거한 인물로 더 잘 알려져 있죠. 이순신의 《난중일기》에 꿈 얘기가 여러 번 나오는데, 류성룡이 4번이나 등장할 정도로 두 사람이 가까웠다고 합니다. 류성룡은 임진왜란사를 담은《징비록》이란 책을 썼는데, 그래서 풍산이 KBS 대하드라마〈징비록〉제작을 후원하기도 했습니다.

풍산은 정계에서 인맥이 넓기로 유명한데요. 특히 미국 정치인들과 인연이 깊다고 해요. 한국과 미국의 관계 개선에

힘쓴 사람들에게 주는 '밴 플리트상'이 있는데 2022년 9월에 이 상을 류찬우 회장의 아들이자 현재 풍산을 이끄는 류진 회장이 받았어요. 시상식에 조지 부시 전 미국 대통령이 참석해 축하해줬다고 해요. 조지 부시 전 대통령 집안과 류진 회장 집안은 매년 볼 정도로 가깝다고 알려져 있습니다. 한국 대통령이 미국 순방할 때 류진 회장이 종종 같이 가는데, 이런 이유가 있습니다.

풍산의 사업은 소비재가 아니고, 또 방산은 알려지는 것을 꺼려서 홍보, 마케팅을 그동안 거의 안 했어요. 그래서 사람들이 잘 모릅니다. 근데 요즘 갑자기 엄청난 주목을 받고 있어요. 방산 사업 때문인데요. 2022년 폴란드가 한국에서 15조 원어치나 무기를 사 갔는데 K2 전차, K9 자주포가 핵심이거든요. 이 전차와 자주포에 들어가는 포탄, 이거 당연히 사 갔습니다. 누가 공급했을까요. 공식 발표는 안 했지만 업계에선 풍산이 만든 포탄인 걸 다 알고 있어요. 풍산은 2022년 말 K2 전차를 수출한 현대로템과 약 2,900억 원, K9 자주포를 수출한 한화에어로스페이스와 1,600억 원의 대구경 포탄 공급계약을 체결했다고 공시했습니다.

앞으로 폴란드는 계속 포탄을 사 가겠죠. 프린터는 한 번 사면 오래 쓰는데, 프린터 카트리지는 소모품이라 계속 사야 하잖아요. 폴란드는 풍산에 자기 나라에 공장을 지어달라는 요청까지 한 것 같습니다. 폴란드는 우크라이나와 국경을 맞대고 있어서 무기에 대한 관심이 엄청나요. 폴란드는 자국 방산 기업 PGZ를 통해 공장을 짓는 데 18억 달러를 쓴다는데, PGZ가 생산 노하우와 품질 면에서 풍산과 비교가 안 되기 때문에 풍산 공장을 유치하고 싶어 합니다.

여기에 미국 국방부도 한국에 포탄을 달라고 하고 있어요. 미국이 세계 최대 군사 강국이어서 포탄 공장도 당연히 많았는데 1990년대 소련과 냉전을 끝낸 뒤 대부분 정리했습니다. 2차 세계대전이 끝난 해인 1945년 86곳에 달했던 미국 내 포탄 공장이 지금은 5곳밖에 안 된다고 해요.

미국은 우크라이나에 미군의 M777이란 견인포를 지원했는데, 이 견인포에 들어가는 게 155mm 포탄입니다. 155mm 포탄은 한국 포병이 주력으로 사용하고 있어요. 미국은 최근 한국에서 포탄을 엄청나게 많이 수입했는데 추가로 계속 살 수밖에 없는 상황이에요. 포탄이 계속 부족하거든요.

폴란드 이외에 EU 차원에서 한국 포탄을 구매할 가능성도 있어요. 독일, 프랑스, 폴란드 정상이 2024년 3월에 함께 만나서 우크라이나에 추가로 포탄을 보내기로 했는데요. 최소 80만 발에 이릅니다. 이걸 EU 밖에서 조달받을 예정인데, 이 물량을 맞추려면 유럽 회사들만으로 한계가 있습니다. 우선 EU 국가들이 자기들 창고에 있는 포탄을 다 주고 나면, 그 창

풍산 주가와 구리가격

(천원/톤)
13000
11000
9000
7000
5000
3000

(원)
60000
50000
40000
30000
20000
10000
0

■ 풍산 주가 ■ 구리 가격

2010   2012   2014   2016   2018   2020   2022

*자료: 블룸버그

고를 풍산 같은 한국 회사들이 채워줄 가능성이 있어요. 풍산의 폴란드 공장, 정말 지을 수도 있겠네요.

　사실 풍산은 증시에서 방산주로 분류되지는 않았어요. 방산은 매출 비중이 30%가 안 되고, 70% 이상이 동 사업이거든요. 동 사업은 구리 가격과 밀접하게 연관돼 있는데 구매처에서 원료인 구리 가격을 보고 제품 가격을 정하거든요. 구리 가격이 올라가면 제품 가격도 오르고, 반대로 구리 가격이 내려가면 제품 가격도 내려갑니다. 그래서 구리 가격이 올라야 실적도 좋아진다, 이런 논리가 작용해서 투자자들은 구리 가격 오를 때 주식 사고, 구리 가격이 내려가면 주식을 팔았어요. 과거 구리 가격과 풍산의 주가를 비교해보면 꽤 비슷하게 움직였습니다.

그런데 증권사 애널리스트들이 요즘 이런 시각을 조금씩 바꾸고 있어요. 매출은 여전히 동 사업이 크고, 방산은 적은데 이익을 봤더니 방산 비중이 동 사업을 넘어섰거든요. 풍산은 요즘 공중에 떠 있다 날아가서 터지는 탄약인 전투드론(PCD)도 개발하고 있는데 이런 신무기들이 상용화되면 방산 부분의 매출은 더 커질 겁니다.

증시에서도 이런 점들을 반영하고 있죠. 사실 풍산은 과거에 '가치주'로 통했어요. 돈은 잘 버는데 주가는 별로였다는 얘깁니다. 실적만 보면 굉장히 우량해요. 매출이 계속 늘고, 이익도 꾸준히 잘 났습니다. 2020년 2조 5,000억 원쯤 했던 매출이 2021년 3조 5,000억 원, 2022년 4조 3,000억 원으로 계속 늘었어요. 2023년엔 매출이 소폭 감소했는데, 이건 구리 가격 하락 때문에 동 사업이 안 좋았기 때문이었고 방산 부문은 상당히 좋았습니다. 그런데도 주식시장에선 늘 저평가받고 있어요. 주가수익비율(PER)이 5~8배 수준으로 코스피 평균인 13배의 절반에 불과해요.

방산에 더해 동 사업까지 실적을 잘 내면 금상첨화인데요. 아까 동 사업은 구리 가격과 함께 움직인다고 했잖아요. 그런데 구리 가격은 앞으로 오를 가능성이 큽니다. 왜냐하면 구리가 들어가는 분야 중에 태양광, 풍력 같은 재생에너지 그리고 전기차 같은 분야가 있는데 이런 사업들은 계속 클 수밖에 없잖아요. 그리고 동 수요가 가장 큰 중국 공장들이 코로나19와 내수경기 침체로 상당히 안 좋은 흐름을 보이고 있었는데요. 2024년 하반기 이후부턴 개선될 가능성이 있다고 보는 것 같습니다.

체코가 우크라이나 전쟁 이후 방산 특수를 맞았다고 하죠. 2022년 한 해에만 우크라이나에 전차, 미사일, 대구경 탄약 등 총 134억 달러, 우리 돈으로 17조 원어치를 수출하기로 했다고 해요. 특히 미국과 서유럽 국가에는 없는 152mm 곡사포, 122mm 로켓포 등 대구경 포 탄약을 지원하고 있다고 합니다. 체코의 무기 수출이 1989년 냉전 종식 이후 최대치가 될 것으로 예상됩니다. 전쟁하면 원래 주변국들이 돈 벌잖아요. 한국에서 6·25전쟁이 났을 때 돈은 일본이 다 벌었죠.

한국의 기본 입장은 우크라이나에 직접적인 무기 지원은 없다는 것인데요. 유럽, 미국 같은 우방국에 수출하는 형태로 간접적인 지원은 이뤄질 것 같습니다. 윤석열 정부가 K방산 세일즈 외교관을 자처한 만큼, 추가로 수출 계약도 기대해볼 수 있을 것 같아요. 전쟁이 없는 세상이면 더 좋겠지만, 전쟁을 피할 수 없다면 최대한 한국에 기회가 되는 방향이 되면 좋겠네요.

미국에 전투기 수출 가능할까?

'한국이 미국에 전투기를 수출한다.' 생각해보신 적 있으신가요? '에이, 무슨 말이야. 미국 전투기가 얼마나 센데. 미국이 뭐가 아쉬워서 한국 전투기를 사.' 그런데 한국이 전투기를 만들기는 합니까? 전투기를 개발했다는 뉴스를 본 것 같기도 하죠. 우선 한국이 전투기, 생산합니다. 정확히는 '경공격기'라고 하죠. 엄청 센 커다란 전투기 말고 '아담한 전투기'는 만들 수 있어요. 'FA50 파이팅 이글'이란 멋진 이름이 붙었는데요. 이거 꽤 잘 만들어요. 수출도 많이 합니다.

그럼 이 아담한 전투기를 미국이 살 가능성은 있느냐. 결론적으로 있습니다. 자동차를 생각해보면 포르쉐, 람보르기니 같은 비싼 차만 있는 게 아니라 쏘나타, 아반떼도 있잖아요. 미국도 미사일 잔뜩 달고, 레이더에도 안 잡히는 엄청 좋은 전투기부터 조종사들이 훈련용으로 쓰는 저렴한 전투기까지 다양한 기종이 필요하거든요. 미국은 원래 록히드마틴 같은 자기네 나라 방산 기업 것만 썼는데, 록히드마틴이 요즘 주문이 몰려서 소화를 다 못 하는 탓에 한국에 기회가 생겼습니다. 이번 주제는 전투기 수출하는 기업, 한국항공우주산업입니다.

한국항공우주산업, 줄여서 KAI라고 많이 하죠. 'Korea Aerospace Industries'의 약자를 써요. KAI는 IMF 직후인 1999년 정부 주도로 삼성, 현대, 대우 3곳의 항공 부문을 합쳐서 출범시킨 회사예요. 당시 부실이 너무 커져서 정책금융공사, 지금은 산업은행에 합쳐진 기관이죠. 여기서 공적 자금을 8조 원이나 쏟아부어 살려냅니다. 지금은 삼성 같은 대기업들 지분은 하나도 없습니다.

2023년 말 기준 수출입은행이 지분 약 26%로 최대 주주이고 국민연금도 약 10%를 보유하고 있습니다. 사실상 공기업이죠. 사장으로 오신 분들 보면, 대부분 고시 출신 공무원들이었어요. 일부는 군인 출신도 있습니다. 2022년 취임한 강구영 사장도 공군 장성을 지냈습니다.

KAI의 현재 주력 제품은 FA50입니다. FA50 이전에 T50이

FA50(ⓒ 연합뉴스)

T50(ⓒ 연합뉴스)

란 훈련기가 있었는데, '골든 이글'로 불렸죠. 이 훈련기를 개조한 게 FA50입니다. T50은 미국의 록히드마틴으로부터 KAI가 기술 이전을 받아서 개발한 것이라, 록히드마틴의 기존 전투기와 꽤 유사합니다. 예를 들어 록히드마틴이 가장 많이 팔아먹은 전투기 F16, 현재 한국 공군의 주력 전투기이기도 하죠.

FA50을 조종할 줄 알면 F16 조종은 쉽다고 해요.

　　FA50의 특징을 한마디로 요약하면 '가성비가 좋다'. 아까 말한 세계에서 가장 많이 팔린 전투기, F16보다 성능은 좀 떨어지긴 합니다만 그 이전에 나온 F5란 전투기가 있어요. 이게 자동차로 치면 쏘나타 같은 보급형 전투기였어요. F5보다는 훨씬 낫다는 평가를 받아요. F5는 너무 구식이라 사실 비교하는 게 좀 그런데요. 한국 공군이 아직도 운용 중이긴 합니다.

　　FA50의 최대 속도는 마하 1.5로 초음속 비행이 가능하고, T50에는 없었던 레이더나 미사일도 달 수 있습니다. 여기에 기존 미사일 대비 3배나 빠른 초음속 미사일을 장착한다는 계획도 있어요. FA50의 작전 반경이 지금은 아주 넓지는 않은데, 이 미사일을 달면 훨씬 먼 거리의 표적을 정밀 타격할 수 있어서 작전 반경이 넓어지는 효과가 있습니다. 한마디로 쏘나타인데 너무 잘 나와서 그랜저 못지않다, 이렇게 볼 수도 있습니다.

　　그럼 가격은 어떻게 되느냐. 2022년에 말레이시아가 18대 사 갔는데, 계약 금액이 9억 2,000만 달러, 대당 5,100만 달러쯤 했습니다. 우리 돈으로 660억 원쯤 합니다. 전투기도 차처럼 옵션에 따라 가격이 천차만별이라 단순 비교는 힘들지만, F16에 옵션을 많이 달면 6,300만 달러, 820억 원쯤 하거든요. 이렇게만 보면 FA50보다 24%가량 비싼 건데 록히드마틴이 요즘 돈독이 올라서 F16, 1978년에 나온 이 구식 전투기를 엄청 비싸게 팔고 있어요. 대만이 2019년에 F16 66대 사는 데 쓴 돈이 자그마치 81억 달러, 대당 1억 2,500만 달러나 했습니다. 최신 옵션을 더 넣었다 해도 그렇지, 2배나 더 비싸게 팔았어요.

그런데 2019년에 이 가격이었다는 것이고 요르단이 2023년 1월에 대당 3억 5,000만 달러에 샀다는 외신 기사도 나왔어요. 이건 솔직히 말이 좀 안 되는 가격이긴 해요. 중동 국가들이 종종 이렇게 가격을 부풀려서 계약하는 관행이 있다고는 합니다. 뭐, 가격 자체보다 F16이 엄청 비싸졌다, 이렇게만 이해하시면 될 것 같아요.

그런데 이렇게 비싼 가격을 받는데 주문해서 물건을 받으려면 최소 4~5년, 길면 10년도 걸린다고 하죠. F16의 또 다른 단점으로는 유지비가 비싸요. 시간당 유지비가 2만 달러나 됩니다. 한마디로 오래된 모델이고 엄청 비싼데, 연비도 안 좋다. 연비로 치면 FA50은 유지비가 시간당 3,500달러, F16보다 70%나 저렴하죠. 새 모델에 연비 좋고, 가격도 싸니 저 같으면 당연히 FA50 삽니다.

물론 이런 건 있어요. F16은 40년 넘게 검증된 스테디셀러고, 브랜드도 록히드마틴이 딱 박혀 있어서 브랜드 파워가 있어요. 더구나 '미제 전투기' 아닙니까. 미국 대통령이 이거 사면 좀 더 이쁘게 봐주겠죠. 그럼에도 검증이 좀 덜 됐고, 브

국가	기종	수량	비고
콜롬비아	FA50	20	콜롬비아 정권 교체로 재협상 진행
슬로바키아	FA50	10	국영 방산업체 LOTN과 업무 협약 체결
이집트	FA50/T50	36+	2024년 이집트 공군 고등훈련기 기종 선정 예정 잠재적 소요 100여 대 예상
필리핀	FA50	12	2014년 FA50 12대 구매 2017년 인도 완료
미국	FA50	500	미 공군 전술훈련기 280대 미 해군 고등훈련기·전술훈련기 220대

랜드 파워도 떨어지지만 가격이 훨씬 싸고, 무엇보다 주문하면 빨리 받을 수 있는 FA50을 고려 안 할 이유는 없어요.

　　FA50을 해외 국가 중 처음 실전 배치한 게 필리핀 공군이었는데요. 2017년 필리핀 민다나오섬에서 벌어진 전투에서 테러리스트 거점을 정밀 폭격해서 이름을 날립니다. 이후에 필리핀, 태국도 FA50 도입을 결정했죠. 동남아에만 지금까지 총 68대가 나갔어요. 또 K방산을 국가 차원에서 적극 도입 중인 폴란드는 48대나 주문했습니다. 요즘 FA50에 관심이 있다고 알려진 수출이 유력한 국가들로는 콜롬비아, 슬로바키아, 이집트, 필리핀 등이 꼽힙니다. 그럼 미국은 왜 FA50에 관심이 있냐. 미군의 공군, 해군에서 훈련기를 대규모로 도입해야 하거든요. 2025년쯤이 될 것 같습니다. 나오는 물량만 500대에 달합니다. 훈련기로 쓸 거라 엄청 좋은 전투기는 필요 없고, 딱

FA50 정도 되는 가성비 좋은 걸 찾는다고 하죠.

미국은 자국 산업보호법인 '미국산우선구매법(Buy American Act)'이란 것이 있어서 자국 기업에 방위 산업 주문을 몰아주는데요. FA50의 원천 기술, 정확히는 T50의 원천 기술을 미국의 록히드마틴이 제공했다고 했잖아요. 록히드마틴이 미국에서 KAI와 손잡고 계약을 대신 맺는 것으로 논의가 되고 있습니다. 록히드마틴은 중간에서 이름 빌려주고 수수료만 손쉽게 먹겠다는 건데 우리로서도 '수수료 그래, 많이 줄게. 계약만 따와다오' 하는 심정으로 손을 잡은 것 같습니다.

만약 미국에 전투기를 팔 수만 있다면 500대나 되니까, 대당 600억 원 잡아도 총 30조 원에 달합니다. 그 자체로 엄청난 물량인 겁니다. 이것이 또 성과가 돼서 미국의 다른 우방국에 엄청나게 팔아먹을 수도 있어요. 사실 KAI로서는 이게 마진은 훨씬 더 좋을 겁니다. 'FA50 잘 팔려서 실적이 좋겠네', 그럼요. 2023년 말 기준 수주 잔고가 약 25조 원에 달해요. 2023년 KAI 매출이 3조 8,000억 원쯤 했으니까, 6~7년 치 일감을 확보한 상황이에요. 25조 원 일감 가운데 FA50 같은 전투기, 완제기가 6조 원이나 잡혀 있습니다.

또 요즘 잘되는 게 기체 부품 사업인데요. KAI는 보잉이나 에어버스 같은 민간 항공기 회사들에 부품을 공급하고 매출을 올립니다. 사실 완제품보다 부품 판매가 규모가 크긴 합

KF21 보라매(ⓒ 연합뉴스)

니다. 수주 잔고의 40%에 해당하는 10조 원이 부품 수주죠. 요즘 보잉이나 에어버스도 코로나19 끝나고 항공기 주문이 몰리고 있죠. 부품 수요가 그만큼 늘고 있다는 얘깁니다. 앞으로 항공기 부품 수주 매출이 엄청 늘어날 가능성이 큽니다.

FA50 말고 다른 것도 수출할 게 있습니다. 한국형 전투기 KF21 '보라매'를 개발하고 있죠. FA50보다 우람한 한 체급 위의 전투기입니다. 프랑스의 '라팔', 유럽 컨소시엄이 개발한 '유로파이터 타이푼'과 비교되는 4세대 전투기입니다. 2026년 대한민국 공군에서 하늘에서 싸우는 능력을 갖춘 블록 1형을 우선 40대 도입하고, 2028년에는 바다에 떠 있는 함정을 공격하거나, 지상 목표물을 타격할 수 있는 전천후 기능을 갖춰서 80대 도입하기로 했어요. 앞으로 레이더에 안 잡히는 스텔스 기능까지 넣을 것으로 기대가 됩니다. 스텔스 기능이 있으면 5세대 전투기로 분류가 되고, 가격을 확 높일 수 있어서 개발에 성공만 하면 시장에서 대박이 날 것 같습니다. FA50 사 간 나라들, 즉 폴란드나 말레이시아, 필리핀 같은 나라들이 잠재적인 고객이에요.

LAH(Light Armed Helicopter)라는 소형 무장 헬기도 개발하고 있어요. 2022년 방산 전시회에서 처음 실물을 공개했습니다. 20mm 기관포, 공대지 유도탄 같은 무기 장착이 가능합니다. 탱크 잡는 헬기로 콘셉트를 잡고 있어요. 2024년 내에 실전 배치 예정입니다.

KAI는 2023년 초에 '비전 2050'이란 것을 발표했는데요. 2050년까지 매출 40조 원, 세계 7위 항공우주 기업으로 도약하겠다는 내용이에요. 2023년 매출이 처음 3조 원을 넘었는데, 목표가 너무 크다고 생각할 수도 있어요. 하지만 KAI 같은 방산 기업은 우선 든든한 내수가 있습니다. 제품을 개발하면 특별한 하자가 없는 이상 우리 군이 우선 사줍니다.

또 전투기, 항공기는 한번 팔면 끝이 아니라 계속 매출이 나와요. 부품 구매나 정비 같은 걸 계속해야 하거든요. 이걸 MRO라고 하는데요. 정비(maintenance), 수리(repair), 분해점검(overhaul)의 앞 글자를 딴 용어죠. MRO 매출이 물건 납품할 때 매출보다 평균 2.5배나 크다고 합니다. 전투기를 해외에 많이 팔아놓으면 계속해서 돈이 들어오는 겁니다.

그리고 전투기나 헬기 같은 것도 좋지만 결국에는 시장이 더 큰 우주 발사체 분야에서도 성공하겠다는 보다 원대한 그림도 있어요. 발사체 관련해선 누리호 사업의 총조립, 그리고 1단 추진제 탱크 사업을 KAI가 했습니다. 또 차세대 발사체 사업에 참여할 가능성도 큽니다. 이건 돈 벌기 위해서가 아니라 기술 확보 차원에서 중요합니다. 위성 분야에서도 경쟁력이 높죠. KAI는 동시에 중형 위성 여섯 기를 조립할 수 있는 시설과 설비가 있는데요. 이건 한국에서 독보적입니다. 정부가 군 정찰위성, 차세대 중형 위성 사업에 2025년까지 3조 원어치를 발주할 예정이고, 당연히 KAI가 큰 역할을 할 것으로 보입니다.

KAI는 1999년 출범 이후 숱한 논란에 휩싸인 바 있습니다. FA50, 혹은 그 이전의 T50, 또 헬기 도입을 위해 정부에 로비를 벌였고, 이 탓에 군에서 도입하려고 했던 첨단 무기 발주가 취소됐다는 것인데요. 하지만 이 덕분에 FA50이 빛을 볼 수 있게 된 점도 분명히 있습니다. 민영화 논란도 늘 따라다녔는데요. 2012년 정부 지분을 민간에 매각하려고 했다가 실패했죠. 윤석열 정부 들어 다시 민영화 이야기가 나오고 있습니다. 한화가 강력한 인수 후보란 말이 돌죠. 한화는 대우조선해양을 인수해서 육해공을 다 할 수 있는 회사거든요. 한화는 기존에 하던 K9 자주포와 첨단 레이더 시스템에 더해 대우조선해양의 잠수함까지 갖췄어요. 또 사장 선임 때마다 늘 낙하산 논란에도 시달렸어요.

어쨌든 이런 여러 논란 속에도 KAI가 전투기를 수출하고, 헬기를 국산화한 것은 대단한 성과 같습니다. 이왕 전투기 팔아먹는 것, 미국으로부터 500대 공급계약 꼭 따내서 K방산의 저력을 보여주면 좋겠습니다.

현대로템

유럽으로 진격하는 K전차

북대서양조약기구, 나토(NATO)가 2024년 초 유럽에서 '스테드패스트 디펜더(Steadfast Defender) 2024'라는 군사훈련을 한 일이 있었어요. 냉전 이후 유럽에서 열린 최대 규모의 다국적 훈련이었습니다. 우크라이나와 국경을 맞대고 있는 폴란드군의 훈련 장면이 인상적이었습니다. 왜냐하면 한국이 수출한 K2 '흑표' 전차 12대가 훈련에 동원됐기 때문이에요. 유럽에 좋은 전차가 많은데도, 폴란드는 한국의 K2 전차를 대규모로 도입해서 하나둘 실전 배치하고 있습니다. 최대 1,000대를 도입할 예정이라고 해요.

이 전차를 공급하는 회사가 혹시 어딘지 아십니까. 현대자동차 계열의 현대로템입니다. 현대자동차가 생산량 기준으로 일본 도요타와 독일 폭스바겐에 이은 세계 3대 자동차 기업으로 성장했는데요. 자동차뿐만 아니라 전차까지도 잘 만들고 있어요.

현대로템이 어떤 회산지 궁금해지는데요. 현대로템은 원래 전차가 아니라 열차 만드는 회사입니다. 우리가 많이 타는 KTX-산천이 현대로템에서 개발한 거예요. '로템(Rotem)'이란 회사 이름도 'Railroad Technology Systems'에서 따왔다고 해요.

한국 열차 시장을 사실상 이곳에서 독점하고 있어요. 그럴 수밖에 없는 게, 애초에 열차 회사가 한국에 여러 곳이 있었는데요. IMF가 지나고 1999년 정부가 각각 따로 사업을 했던 현대정공(여긴 나중에 현대모비스가 됐죠), 대우중공업, 한진중공업의 열차 사업부를 하나로 합쳐 버립니다. 지금은 현대자동차가 1대 주주이지만, 합쳐질 때만 해도 현대, 대우, 한진이 각각 지분을 보유하고 있었어요. 이름도 로템이 아니라 KOROS였습니다. 그러다 2007년에 비로소 지금의 현대로템으로 바뀝니다.

매출 구성을 보면 지금도 열차가 주력입니다. 2023년 매출 기준 열차 사업부인 레일솔루션이 매출의 약 43%를 책임졌고, 전차나 장갑차를 만드는 디펜스솔루션이 44%, 그리고 나

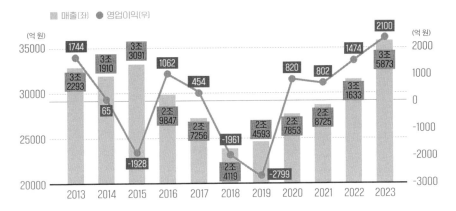

현대로템 실적

■ 매출(좌) ● 영업이익(우)

연도	매출	영업이익
2013	3조 2293	1744
2014	3조 1910	65
2015	3조 3091	-1928
2016	2조 9847	1062
2017	2조 7256	454
2018	2조 4119	-1961
2019	2조 4593	-2799
2020	2조 7853	820
2021	2조 8725	802
2022	3조 1633	1474
2023	3조 5873	2100

(억 원)

머지 13%는 공장에 들어가는 프레스 기계 등을 생산하는 에코플렌트 부문입니다.

국내에서 사실상 열차 사업을 독점하고 있으니까 엄청 '알짜'겠다는 생각이 들 수도 있는데요. 사실은 그렇지 않았어요. 현대로템의 실적을 보면, 매출이 지속적으로 느는 게 아니라 늘었다 줄었다 해요. 열차 주문이 많을 땐 실적도 좋은데, 적을 땐 실적도 확 떨어집니다. 영업이익도 1,000억 원을 넘겼다가 대규모 적자를 내기도 하고 일관성이 없죠. 증시에선 이렇게 들쑥날쑥한 실적을 내는 회사 주식은 인기가 없어요.

대체 실적이 왜 이럴까요. 일감을 많이 확보하려고 손해가 나는데도 저가로 주문을 받아온 게 독이 됐습니다. 특히 2018년, 2019년에는 이런 저가 수주가 실적에 많이 잡혔고, 이 탓에 적자가 눈덩이처럼 커졌죠.

그런데 현대로템의 실적이 박살 났던 2018년, 역설적으로 주가는 사상 최고가까지 뛰었어요. 그해 6월 찍은 4만 5,500원은 2024년 3월 중순까지도 안 깨지고 있습니다. 현대로템이 당시 남북 경협 테마주로 각광을 받았거든요. 기억하실 겁니다. 그해 문재인 전 대통령이 김정은 위원장과 판문점에서 역사적인 첫 만남을 가졌고, 이후 평양까지 가서 포옹도 했죠. 물론 지금은 "남조선을 쓸어버리겠다"며 김정은 위원장이 장갑차를 몰고 있네요.

어쨌든 현대로템은 그 시기에 저가 수주한 물량 때문에 엄청 고생했고, 이후 회사는 비상 경영 체제로 들어갑니다. 현대차그룹에 미운 오리 새끼 같은 취급을 받았어요. 당시에 발간했던 증권사들의 현대로템 분석 보고서를 보면 굉장히 부정적입니다. "연이은 어닝쇼크로 투자 메리트 상실", "반복된 부진은 일회성이 아니다" 등 애널리스트들이 자기가 분석하는 기업에 대해선 여간해선 이렇게 안 씁니다. '안 좋아도, 나중에 좋아질 것이다'라는 식으로 돌려서 쓰거든요. 그런데도 이런 식으로 대놓고 안 좋게 썼다는 것은 '이 회사 주식 진짜 사지 마세요', 이렇게 들립니다.

현대로템이 반전의 기회를 맞은 건 2022년입니다. 남북 경협 테마 같은 실체가 없는 게 아니라 제대로 된 테마가 생겼

K2 전차(ⓒ 연합뉴스)

는데요. 바로 K2 전차 '대박' 수출 건이었어요. 러시아가 우크라이나를 침공하자 바로 옆 나라인 폴란드는 엄청난 위기감을 느꼈죠. 곧바로 대규모 무기 도입에 나섭니다. 그리고 그 핵심 무기를 바로 한국에서 수입하기로 한 겁니다.

K2 전차의 경우 먼저 1차 분량, 180대 계약을 그해 8월에 곧바로 체결했죠. 이때 현대로템이 공시한 내용을 보면 금액이 무려 4조 5,000억 원입니다. 한 대당 250억 원씩 받고 공급하기로 한 겁니다. 이걸 보고 주식시장에선 한바탕 난리가 났어요. 한국군에 납품할 땐 대당 85억 원쯤 했는데 2배, 아니 3배 넘게 받은 것이거든요. 아, 물론 250억 원에는 전차 가격뿐만 아니라 부품이나 훈련 같은 패키지 옵션이 포함된 겁니다. 실제 전차 납품가는 200억 원으로 추산되고 있어요.

그런데도 한국군에 공급했던 것보다 훨씬 비싸고, 그만큼 마진도 많이 남았어요. 현대로템이 과거에 저가 수주해서 적자를 많이 냈다고 했잖아요. 폴란드 건은 굉장히 유리한 조건으로 공급하게 된 겁니다. 이게 실적에 고스란히 드러나는 게, 180대 계약 중 2022년에 10대가 출고됐을 뿐인데, 실적이 확 좋아졌어요. 매출은 10% 느는 데 그쳤지만, 영업이익이 84%나 폭증했습니다. 전차의 마진이 좋다는 의미죠. 2023년 연간 영업이익이 2,100억 원으로 전년 대비 42%나 급증했는데 K2 전차 수출이 큰 역할을 한 것 같습니다. 더구나 이건 시작에 불과해요. 1,000대 중에 고작 180대만 계약한 겁니다. 나머지 820대는 차례대로 계약이 맺어질 예정이에요. 물론 820대 계약이 다 나올지, 덜 나올지는 좀 더 지켜봐야겠죠.

'야, 폴란드 바보네. 한국 기업 좋은 일 다 시켜주고'라고 생각하실 수 있죠. 폴란드가 당연히 바보는 아닙니다. 계약 조건을 이것저것 달았는데, 핵심은 우리 수출입은행이 대출도 해주고 빚보증도 서는 겁니다. 1차 계약분이 K2 전차 포함 총 17조 원인데, 이 가운데 12조 원이 금융 지원이라고 하죠. 한마디로 폴란드는 내 돈 30%, 한국 금융회사 돈 70%로 이 많은 무기를 다 살 수 있는 겁니다. 나중에 폴란드가 돈 못 갚겠다고 나오면 한국으로선 골치 아파지는 것이죠. 뭐, 방식이 어찌 되었든 현대로템으로선 전차 잔뜩 수출하고, 돈 받는 것에는 변함이 없어요.

전차 가격도 200억 원이든, 250억 원이든 비싼 게 아닙니다. 노르웨이가 2023년 초에 K2 전차 구매를 고려하다가 결국 독일제 레오파르트2 전차를 사기로 했는데요. 노르웨이가 여기에 쓴 돈이 약 2조 5,000억 원, 한 대당 450억 원이나 했거든요. 이 계약에 부품, 훈련 같은 패키지가 다 포함이 되어 있다 해도 K2 전차와 비교하면 2배 가까이하죠.

'K2 전차는 독일산 레오파르트 전차와 성능 면에서 비교가 안 된다. 쏘나타와 BMW가 비슷한 크기라고 해서 같은 값을 받아야 하는 건 아니지 않냐'라는 반론도 당연히 나올 수 있어요. 물론 그렇습니다. 하지만 K2 전차가 세계 1등까진 아니어도 성능 면에서 다른 해외 전차들에 비해 전혀 밀리지 않아요. 독일의 레오파르트와 최고 속도도 별 차이 없고 순항 거리도 비슷합니다. 55구경장 120mm 활강포를 탑재한 것도 같아요. 글로벌 상위 10위 전차 안에 K2 전차가 들 자격이 있다는 게 전문가들 분석이죠.

이건 노르웨이도 인정한 부분이에요. 성능을 평가해봤더니 K2와 레오파르트가 별 차이가 없는데 가격은 레오파르트가 훨씬 비싸서 원래는 K2 도입을 추진했었다고 합니다. 다만 독일이 나토 동맹국이고, 천연가스도 많이 사주는 나라여서 여러 상황을 고려했다는 취지의 발언을 노르웨이 국회의장이 한국에 와서 한 적이 있습니다.

노르웨이가 진지하게 K2 전차의 도입을 검토했다는 것은 다른 유럽 국가들에도 분명히 영향을 많이 줄 겁니다. K2 전차의 성능은 폴란드, 노르웨이가 입증해줬고, 가격도 싸고, 심지어 빨리 만들어서 준다는 이미지가 퍼졌을 거예요. 루마니아 국방부 장관이 2022년 말에 한국을 방문해서 경남 창원의 현대로템 공장을 둘러보고 갔는데요. 한국산 전차에 대한 관심이 엄청납니다.

루마니아는 폴란드처럼 우크라이나와 국경을 맞대고 있어서 최근 군비를 계속 늘리고 있죠. 루마니아는 우크라이나 전쟁 발발 이후에 미국산 에이브럼스 전차를 샀는데, 이게 끝이 아니라 앞으로 계속 신형 전차를 산다고 해요. 여기서 만약에 발주가 나온다면 최소한 수십 대, 많으면 수백 대가 나올 수 있습니다. 폴란드에 이은 K2 전차의 대규모 수출 계약이 체결될 가능성이 있습니다.

전차 얘기를 많이 했는데, 열차도 현대로템에 중요한 사업이죠. 2023년 말 기준 수주 잔고, 그러니까 일감을 받아놓고 아직 납품을 안 한 게 17조 5,000억 원이 넘는데요. 이 가운데 열차 부문이 11조 원 이상입니다. 일감의 65%가량이나 해요. 열차가 잘 해줘야 현대로템이 더 탄력을 받아 달릴 수 있어요. 열차 사업 요즘 괜찮습니다. 2023년 3월과 4월에 코레일과 SR

이 발주한 동력 분산식 고속차량 EMU320, KTX-이음이라고도 불리는데요. 1조 7,900억 원어치나 수주했어요. 이게 나름대로 의미가 있습니다.

기존 KTX-산천은 동력 집중식이에요. 앞뒤로 동력차가 붙어 있고 이 동력차가 사람들이 탄 객차를 끌고 가는 식이에요. 반면에 KTX-이음은 사람들이 탄 객차 하나하나 동력 장치가 달려 있어요. 엔진이 다 달려 있다고 이해하시면 될 것 같아요. 이렇게 하면 좋은 게 각 객차가 힘을 내기 때문에 섰다가 가속할 때 훨씬 가속이 잘 돼요. KTX-산천은 한 번 가속하면 빨리 가는데, 가속이 붙는 데 시간이 오래 걸리거든요. 한국처럼 역 간격이 짧고 자주 서면 이런 동력 분산식이 유리하거든요.

현대로템이 아직 고속철은 수출 경험이 없는데, 이렇게 동력 분산식과 동력 집중식 기술이 다 있으면 구매자 입장에선 선택의 폭이 넓어지잖아요. 상품 구색이 다양해져서 더 잘 팔릴 수 있다는 겁니다. 사우디의 네옴시티나 폴란드의 신공항 고속철도에 현대로템이 열차를 공급하게 될 가능성이 언급되고 있어요. 실제로 수출한다면 K2 전차 수출에 버금가는 쾌거가 될 겁니다. 특히 폴란드는 K2 전차로 이미 협력하고 있고, 2019년부터 바르샤바에 현대로템이 트램까지 공급하고 있어서 기대감이 있죠.

또 현대로템에 에코플랜트 사업부가 있다고 했잖아요. 이 사업부 안에는 현대차그룹의 수소 충전소가 있습니다. 현대차가 수소차 분야에선 꽤 앞서가고 있죠. 물론 전기차와 수소차의 주도권 싸움에서 대체로 전기차가 이기긴 했지만, 수소차가 더 경쟁력이 있는 곳이 있거든요. 일반 승용차는 주로 전기차로 가지만, 큰 힘이 필요한 버스나 트럭, 트레일러 같은 상용차 분야에선 수소차 시장이 생기고 있습니다. 현대차는 수소차를 잘 만들 뿐만 아니라 연료인 수소까지 생산하고, 충전소 구축도 함께하는데요. 현대로템이 이 수소 충전소 사업을 하고 있죠.

나아가 수소를 직접 생산하는 역할도 맡고 있어요. 충청북도 충주에 2021년 수소 추출기를 설치했는데, 음식 폐기물에서 발생하는 메탄가스에서 수소를 추출하고 저장했다가 판매합니다. 아직은 시범 사업 형태이지만, 앞으로 시장이 커지면 열차나 전차 못지않은 엄청난 사업이 될 가능성도 있습니다.

현대로템처럼 수주를 기반으로 한 기업은 실적 예측이 어렵고, 회사가 잘해도 상대 국가에서 '의외의 변수'가 나올 가능성이 있어서 불확실성이 커요. 이럴 땐 핵심을 봐야 하죠. 그 핵심은 바로 제품 경쟁력. 이 회사 제품을 안 사면 안 되겠다는 이유가 있어야 하는데요. 현대자동차가 과거 막강한 '가성비'를 바탕으로 럭셔리 라인까지 제품군을 확장했듯이, 현대로템 또한 열차든, 전차든 가성비로 시작해서 초고가 라인까지 제품군을 확장할 것으로 많은 사람이 기대하고 있어요. 결국 이 회사의 성패는 해외에 있습니다. 폴란드 대박 수출로 성장에 기름을 부었는데, 폴란드 이외에 새로운 동력이 확보된다면 '구조적인 성장'의 길을 마련할 수 있지 않을까요.

민간 우주 시대, 한국판 스페이스X

2023년 5월 순수 우리 기술로 만든 한국형 발사체, 누리호가 날아올랐어요. 무게가 1톤이 넘는 위성을 지구 궤도에 안착시킬 수 있는 나라 반열에 한국도 마침내 올랐습니다. 성공한 나라가 미국, 일본, 프랑스 등 7개국밖에 없다고 하죠. 1993년 과학 로켓 시험 발사를 시작으로 숱한 실패 끝에 거둔 성공이었기에 더 의미가 있는 것 같습니다.

그런데 이번 누리호 3차 발사는 이전 발사 때와 좀 다른 게 있는데요. 민간 기업의 참여가 크게 늘었다는 것입니다. 그동안 민간 기업은 로켓 부품만 만들어 주고 실제 발사에는 거의 참여하지 않았는데, 이번에는 로켓 부품 조립부터 발사까지 전 과정을 대부분 함께 참여했습니다. 특히 한화에어로스페이스는 체계 종합, 엔진, 임무 제어시스템 같은 핵심 분야에 두루 참여했어요.

앞으로 누리호보다 훨씬 큰 차세대 발사체 개발에도 중추적인 역할을 할 예정입니다. 한국이 앞으로 민간 우주 시대를 여는 첫발을 2023년 누리호 발사로 내디딘 셈입니다. 미국의 스페이스X도 NASA로부터 기술과 일감을 받아서 세계 최대 우주 기업으로 성장했는데요. 한국의 스페이스X를 꿈꾸는 한화에어로스페이스는 어떤 회사인지 알아보시죠.

한화에어로스페이스는 많이 들어본 회사는 아니죠. 원래 오래된 회사인데, 이름을 계속 바꿔서 잘 알려지진 않았어요. 1977년 설립 당시 사명은 삼성정밀공업이었어요. 아니, 한화가 아니라 삼성이었네요? 네, 맞습니다. 삼성정밀공업은 1987년 삼성항공으로, 2000년 삼성테크윈으로 이름을 바꿨고, 2015년 한화그룹과 삼성그룹 간 '빅 딜' 때 한화로 넘어온 회사 중 하나입니다.

한화에어로스페이스란 이름은 2019년부터 쓰고 있으니까, 이제 갓 5년밖에 안 됐습니다. 이 회사의 원래 사업은 항공기, 전투기에 들어가는 엔진 부품을 만드는 것이죠. 한국 공군의 F15K 전투기, T50 고등훈련기, 한국형 헬기 수리온 등의 엔진 제조를 맡았습니다. 한국형 전투기 KF21 보라매의 엔진도 미국의 GE(제너럴일렉트릭)에서 기술을 받아 국산화 작업을 하고 있습니다.

또 보잉이나 에어버스 같은 민항기 엔진에도 한화에어로스페이스 부품이 들어가 있는데요. 이런 민항기 엔진은 GE, P&W(프랫 앤 휘트니), 롤스로이스 3곳이 과점하고 있는데, 이 3곳에 전부 부품을 공급하고 있어요. 쉽게 말하면 '엔진 디자인은 GE 같은 곳에서 하고, 도면대로 만들어 주는 OEM(주문자 상표부착생산)을 한화에어로스페이스가 한다'라고 이해하시면 될 것 같습니다.

항공기의 엔진 부품은 굉장히 고부가가치 산업이죠. 처음 사업을 할 땐 무조건 싸게 했는데 기술이 쌓여서 지금은 싸게 만들기 보다 잘 만드는 것에 주력하고 있어요. 롤스로이스의 최고 협력사상을 받기도 했습니다. 누리호 개발에 참여한 것도 항공기 가스 터빈 엔진 기술이 있었기 때문이었어요.

앞으로 우주 산업이 돈이 될 것이 분명하고, 이 시장에서 경험을 쌓는다면 엄청난 사업 기회가 있을 겁니다. 사실 좀 먼 훗날의 얘기고, 당장 돈이 될 것은 아니에요. 상업용 로켓으로 쓰기엔 아직 갈 길이 멉니다. 누리호의 위성체 1kg당 발사 비용은 10억 원 가까이 하는데요. 미국의 민간 로켓 기업 스페이스X가 2023년 기준 126만 원쯤 하니까, 700배 넘게 비싼 셈입니다. 당분간은 돈보다 기술 쌓는 데 주력해야 합니다.

그 대신 돈을 버는 분야는 가장 매출이 많이 나오는 방위 산업 분야입니다. 한화에어로스페이스의 2023년 매출에서 방위 산업이 차지하는 비중은 약 44%나 됩니다. 한화에어로스페이스는 자회사로 있었던 한화디펜스, 그리고 그룹의 지주사 역할을 하는 (주)한화의 방산 부문을 흡수해서 국내 최대 방산 기업이 됐습니다. 한화디펜스는 K9 자주포가 대표 상품인데요. 세계 자주포 시장 점유율이 50%를 넘을 정도로 자주포 분야에선 독보적입니다.

이 자주포는 빠르게 발사하면 15초 안에 연속으로 3발, 1분당 6발에서 8발까지 쏠 수 있습니다. 포탑을 완전히 자동화해서 1분에 최대 10발 쏠 수 있게 성능을 업그레이드하고 있습니다. NATO가 표준으로 하는 155mm 포탄을 쓰고 있어서 서방의 무기와 호환성도 좋습니다. 그래서인지 2022년 폴란드가 20조 원어치나 한국 무기를 구매하기로 했는데, 여기에 당연히 K9 자주포가 들어갔습니다. 현대로템의 K2 전차만 있었던 게 아니었어요. K9 자주포도 무려 650대나 사기로 했어요. 2022년에 이미 24대가 나갔고, 2023년에 42대, 2024년 60대, 2025년 72대 이런 식으로 계속 공급이 이뤄질 예정이에요.

또 다연장 로켓 천무도 288대나 사기로 했어요. 발사대만 288대란 것이고, 여기에 들어가는 미사일이 2만 개가 넘을 겁니다. 천무 수주액만 5조 원어치가 될 것으로 추산됩니다.

K9, 천무, 이런 무기를 지상군이 쓴다고 해서 지상 방산이라고 하는데요. 한화에어로스페이스의 지상 방산 수주 잔고가 2023년 말 기준 28조 원이 넘습니다. 이 수주가 매출로 잡히면 수익성도 좋은데요. 지상 방산 부문의 2023년 1분기 영업이익률이 21%나 됐어요. 꽤 짭짤하죠. 이 이익률이 계속 유지되지 않는다는 게 좀 아쉬운데요. 같은 해 2, 3분기엔 10% 밑으로 떨어지기도 했거든요. 그런데도 2023년 연간 영업이익률이 14% 가까이 돼서 다른 사업부의 영업이익률을 압도했어요.

한화가 폴란드의 경우처럼 대량으로 수주를 따낼 게 많이 있어요. 대표적인 게 호주의 신형 장갑차 도입 사업이었죠. 호주 육군이 M113이란 구형 장갑차를 신형으로 바꾸기로 하고 2023년에 사업자를 선정했는데요. 바로 한화에어로스페이스의 '레드백'이 뽑혔습니다. 레드백 129대를 호주군에 공급하기로 그해 말에 계약했어요. 계약 규모가 3조 원을 넘었습니다. 레드백은 한국뿐만 아니라 이스라엘, 캐나다, 그리고 호주가 개발에 참여했어요. 애초부터 호주를 타깃으로 제품 개발을 했어요. 이름도 호주에 서식하는 '붉은 등 독거미'에서 따왔죠. 차 안에서 특수 헬멧을 쓰면 고글 화면을 통해서 밖의 상황을 볼 수 있는 '아이언 비전(Iron Vison)' 헬멧은 한국엔 없는 기능이에요.

호주는 한국 무기와 친숙한 나라입니다. 호주 질롱이란

레드백(ⓒ 연합뉴스)

곳에 K9 자주포 공장을 짓기로 한 게 있는데요. 과거에 한화가 호주로부터 K9 자주포와 탄약 운반차 수주를 받으면서 당근으로 제시한 게 현지 생산이었어요. 이 공장에서 장갑차 레드백까지 생산하면 호주 정부 입장에서도 자국에서 자주포, 탄약 운반차, 장갑차 등을 전부 생산하는 거니까 꽤 괜찮은 옵션이 될 겁니다.

코로나19 이후 확 꺼졌던 항공기 엔진 부품 사업도 좋아지고 있어요. 코로나19 팬데믹이 해제된 이후에 항공사들이 비행기 주문을 막 늘리고 있는데, 이게 소화가 잘 안 되고 있죠. 항공기는 보잉과 에어버스가 사실상 과점하고 있는데 만드는 데 한계가 있어서 그래요. 당장 비행기 못 받으면 대한항공 같은 항공사들이 노선이나 편수를 못 늘리잖아요. 그럼 어쩔 수 없이 기존에 쓰던 것을 최대한 고쳐서 오래 써야 할 겁니다. 한화에어로스페이스 같은 부품 회사들은 새 비행기에 부품을 공급할 때보다 고칠 때 쓰는 소모성 부품인 MRO를 공급할 때 마진이 훨씬 좋고 매출도 커요. 그러니까 노후 비행기가 많아지고, 이걸 고칠 때 필요한 부품 수요가 많아질수록 한화에어로스페이스의 수입이 짭짤해진다, 이렇게 이해할 수 있겠죠.

사실 한화에어로스페이스는 원가보다 싸게 엔진 부품을 주는 것도 많은데요. 특히 앞서 언급한 세계 3대 엔진 기업 중 P&W에 공급하는 '기어드 터보팬(Geared Turbo Fan Engine, GTF)'이란 것이 있는데 적자가 엄청납니다. 그럼 왜 이렇게 적자를 내고 파냐. 우선 쫙 깔아놓고 나중에 고장 나서 고칠 때 비싸게 팔겠다는 전략을 쓰고 있어요. 기어드 터보팬 엔진은 에어버스의 A320 네오 같은 곳에 들어가는데, 지금까지 엔진 기준으로 3,000대 넘게 팔렸어요. 이거 수주 잔고가 6,500대나 합니다. 계획대로라면 이르면 4~5년 안에 엄청난 수익을 거둘 것으로 기대하고 있어요.

미래 성장 동력으로 도심항공모빌리티(Urban Air Mobility, UAM)도 키우고 있죠. 한화에어로스페이스는 2030년까지 매출 40조 원, 영업이익 5조 원 달성을 목표로 하고 있습니다. 2023년에 매출 9조 원대, 영업이익 7,000억 원가량을 했으니 조금 과감한 것 같기도 한데요. 회사 측은 비전 달성을 위해 방위 산업, 항공기 엔진과 우주 분야, 그리고 마지막으로 UAM을 제시했습니다.

UAM이 갑자기 튀어나왔는데요. 쉽게 말해 사람이 탈 수 있는 커다란 드론 같은 겁니다. 동력을 석유가 아니라 전기로 하고 어반(urban), 그러니까 도심을 다녀야 하니까 활주로가 아닌 건물 옥상 같은 곳에서 헬기처럼 수직으로 이착륙해야 하겠죠. 크기는 비행기처럼 크면 건물 사이사이를 다니기 어려우니까 최대한 작게 해야 하고요. 그래서 이해하기 쉽게 '드론 택시'라고도 많이 부릅니다.

한화에어로스페이스는 미국의 오버에어란 회사를 통해 UAM을 개발하고 있는데요. 2023년 말에 시제기 '버터플라이'를 선보였어요. 시험비행을 거쳐서 여의도 63빌딩, 김포공항, 야구장 등을 다니게 하겠다는 구상입니다. 차라리 로켓 개발해서 달까지 가는 게 더 빠를 수도 있을 것 같지만 UAM 시장이 AI처럼 '특이점'에 도달하면 시장이 급속도로 커질 수 있으니 시장에 발을 담가 놓겠다는 구상 같아요.

한화에어로스페이스의 사업을 쭉 살펴봤는데요. 주식투자자라면 관심을 가질 수밖에 없겠네요. 이 회사 주식은 2020년에 1만 원대 선에 거래되기도 했는데요. 2023년 3월 한때 20만 원을 넘기기도 했습니다. 한마디로 '꿈의 주식'인거죠. K9 자주포 같은 방산으로 돈 벌어서, 이걸 항공기 엔진이나 우주개발 사업에 투입하고 또 UAM 같은 완전히 새로운 태동하는 산업에 투자한다는 구상 같습니다. 한화가 원래 한국화약, 방산에서 시작했는데 우주로 가고, 도심을 떠다니는 드론 택시를 개발한다는 게 대단한 발전 같아요. 한화에어로스페이스가 앞으로 어떤 성과를 보여줄지 기대됩니다.

4장

기계 및 로봇

중국산 초저가
전기차의 습격

현대자동차가 2023년 대한민국에서 가장 많은 이익을 낸 회사에 등극했습니다. 현대자동차의 영업이익은 15조 원을 웃돌아서 삼성전자의 약 6조 5,000억 원 대비 2배가 넘었죠. 삼성전자가 영업이익 1등 자리를 내준 것은 글로벌 금융위기 때인 2008년 이후 15년 만인데요. 너무 오랜 기간 1등을 했었기 때문에, 삼성전자가 1등이 아닌 게 조금 당혹스럽다는 분도 있습니다.

심지어 삼성전자는 기아에도 뒤처졌습니다. 기아의 2023년 영업이익이 11조 원이나 됐거든요. 현대자동차와 기아는 한 몸처럼 움직이니까, 두 회사의 이익을 더하면 26조 원

현대자동차, 기아의 2023년 실적

(단위: 조 원)

	현대자동차	기아
매출	162	99
영업이익	15	11

*자료: 사업보고서

에 달해서 삼성전자가 상대가 안 되네요. 두 회사의 매출도 합하면 262소 원으로 258조 원을 기록한 삼성전자를 근소한 차이로 앞섭니다. 매출, 영업이익 모든 면에서 현대자동차의 '질주'가 돋보였다고 할 수 있겠네요.

2023년은 현대자동차에 최고의 한 해였습니다. 자동차 재고가 동이 나서 비싸게 많이 팔았고, 제네시스 같은 프리미엄 모델이 잘 나가서 이익을 많이 낼 수 있었어요. 여기에 전기차도 나쁘지 않았습니다. 현대자동차의 아이오닉5, 기아의 EV6가 전기차 분야에서 상이란 상은 휩쓸었으니까요. 그럼 이런 질문이 당연히 나올 수 있습니다. 현대자동차의 질주가 계속될 것인가. 꼭지 찍고 내려갈 일만 남은 것 아닌가. 더 보여줄 게 남아 있을까 하는 겁니다. 그래서 현대자동차의 과제는 무엇인지 짚어 봤습니다.

우선 현대자동차가 앞으로도 엄청나게 잘 팔릴까요? 가장 위협적인 게 무엇인지부터 볼게요. 1순위는 중국입니다.

의외라고 생각하실 수도 있습니다. 독일도 일본도 아니고 중국이라니, 전기차 시대로 넘어가면서 자동차 업계에서 가장 우려하는 게 중국 전기차의 확산입니다. 가성비가 너무나 좋거든요. 전기차가 잘 안 팔리는 이유가 뭘까요. 불편한 충전, 화재 위험 등이 있겠지만, 가장 중요한 건 가격이에요. 전기차는 아직 비쌉니다.

현대자동차의 아이오닉5, 기아의 EV6 같은 전기차 가격은 최소 5,000만 원을 넘는데요. 급으로 따지면 쏘나타 정도인데, 가격은 그랜저 이상이죠. 물론 보조금을 받으면 가격이 내려가긴 하는데, 그래도 쏘나타보다는 훨씬 많이 줘야 해요. 비싼 브랜드도 그래요. 벤츠의 경우 EQE, EQS 같은 세단 가격이 최소 1억 원대, 비싼 것은 2억 원대 가까이 하는데요. 이 돈이면 벤츠 S 클래스를 살 수 있거든요. 아무리 전기차가 좋아도 이만큼 돈을 낼 가치가 있는지 의문이죠.

중국차는 달라요. BYD를 예로 들어 볼게요. 이 회사가 2023년에만 288만 대를 팔았습니다. 180만 대를 판 테슬라보다 많았어요. 판매량만으로 보면 전기차 세계 1위예요. 물론 대부분 중국에서 판 것인데, 중국 소비자를 우습게 보면 안 됩니다. 테슬라조차 BYD를 의식해서 가격을 마구 내렸으니까요.

BYD가 주력으로 파는 모델이 '아토3'입니다. 아이오닉5와 엇비슷한 차예요. 이게 중국에서 3,000만 원대에 판매되

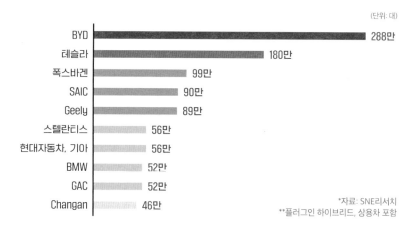

2023년 글로벌 전기차 인도량

(단위: 대)

브랜드	인도량
BYD	288만
테슬라	180만
폭스바겐	99만
SAIC	90만
Geely	89만
스텔란티스	56만
현대자동차, 기아	56만
BMW	52만
GAC	52만
Changan	46만

*자료: SNE리서치
**플러그인 하이브리드, 상용차 포함

고 있어요. 아이오닉5 대비 30~40% 저렴하죠. 그런데도 완성도는 크게 안 떨어진다는 평가를 받습니다. 오히려 내부 디스플레이나 마감은 아이오닉5보다 더 좋다고도 하고요. '돌핀'이란 모델도 있는데, 이 차는 가격이 1,000만 원대 후반입니다. 크기가 좀 작긴 합니다만 있을 건 다 있습니다. 전기차답게 디스플레이가 크고요. 주행 가능 거리는 400km를 넘어가요. 기아의 레이 전기차가 엇비슷한데, 레이는 가격이 2,900만 원 정도 해요. 가격 면에서 상대가 안 됩니다.

BYD 말고도 중국 전기차 브랜드는 수백 개나 있어요. 이런 가성비 전기차가 중국을 나와서 한국, 미국, 유럽에서 언젠간 팔리겠죠. 분명한 건 현대자동차를 비롯해 GM, 포드 같은 주요 완성차 기업들의 경영진이 최대 경쟁자로 BYD 같은 중국 기업을 지목했어요. 테슬라의 최고경영자(CEO) 일론 머스크는 앞으로 글로벌 상위 10위 완성차 기업 중 9개는 중국 기업이 될 것이란 섬찟한 예언을 하기도 했습니다. 전기차 시장뿐 아니라 내연기관 시장도 다 잡아먹을 기세예요.

테무, 알리익스프레스 같은 중국 온라인 쇼핑 앱이 2023년 이후 세계 시장을 휩쓸고 있는데요. 그 주된 이유가 초저가 때문이지 않습니까. '사람들이 자동차는 초저가에 안 산다'고 단정하는 건 너무 순진한 발상이 아닐까요. 어떤 상품이든 저렴하게 사고 싶은 건 인간 본성에 가까운 것이잖아요. 그럼 현대차가 기술력은 높을까요. 이건 다른 상위권 업체들과 비교해봐야 합니다.

판매량 세계 1위 도요타는 그동안 내연기관, 하이브리드에 주력하고, 전기차엔 별다른 대응을 안 하는 듯했어요. 그런데 2023년 6월에 충격적인 발표를 합니다. 2027년이나 2028년에 한 번 충전으로 1,200km를 가는 전고체 배터리를 내놓고, 2028년 이후에는 1,500km로 주행 가능 거리를 높이겠다고요.

'전고체 배터리'는 꿈의 배터리로 불려요. 배터리 안에 있는 전해액을 고체로 바꾼 것인데, 이렇게 하면 배터리의 성능은 확 높아지고 폭발 위험은 크게 낮아집니다. 요즘 나오는 전기차의 주행 가능 거리가 대략 400km 안팎이에요. 성능이 엄청 좋아도 600km 넘기기가 어려워요. 근데 이 2배가 넘는 전고체 배터리를 개발하고 있다는 겁니다. 실제로 나오면 전기차의 판도가 뒤집힐 겁니다.

테슬라는 어떤가요. 2024년 들어서 기세는 확 꺾였어도 자율 주행 기술은 '넘사벽'이죠. 여기에 가성비까지 갖추려고 해요. 2,000만 원대 보급형 전기차 모델2 양산을 이르면 2026년 시작하기로 했어요. 연간 100만 대 생산을 목표로 하고 있습니다. 최첨단 자율 주행 기술이 들어간 보급형 전기차, 이건 나오기만 하면 '대박'입니다.

GM, 포드, 혼다 같은 회사들이 기술 개발에 투자하는 돈이 1년에 10조~15조 원에 달해요. 현대자동차와 기아는 합쳐서 연간 6조 6,000억 원이에요. 연구·개발에 쓰는 돈부터 큰 차이가 나죠. 더 투자해야 해요.

현대자동차도 큰 그림은 그렸어요. 소프트웨어 중심의 자동차, 바로 SDV(Software Defined Vehicle)입니다. 쉽게 말해 바퀴 달린 스마트폰, PC를 만들겠다는 것이죠. 이걸 하려면 우선 전기차 형태가 되어야 하고요. 자율 주행 기능도 훨씬 발전해야 해요. 움직이는 컴퓨터잖아요. 그런데 구현은 잘 안되고 있어요. 포드 출신의 김용화 사장에게 2023년 이 작업을 맡겼는데요. 김용화 사장은 최고기술책임자(CTO)로 선임된 지

6개월 만에 고문으로 물러납니다. 그리고 현대자동차는 연구·개발 조직을 대대적으로 개편해요. 생각대로 잘 안된다는 것이죠.

해외 기업과 협업한 것도 성과가 지지부진해요. 2018년에 자율 주행 소프트웨어 분야에서 앞선 기술을 가진 '오로라이노베이션'이란 기업과 협업을 시작했는데요. 아직 내놓은 게 없어요. 또 2020년에 현대자동차가 2조 5,000억이나 들여서 미국 '앱티브'란 기업과 합작 법인을 세웠는데요. 이 법인의 적자가 2023년 8,000억 원에 달했어요. 돈이 더 필요한데 협력 상대인 앱티브는 투자를 더 못하겠다면서 손을 들었습니다.

마지막으로 살펴볼 게 주주 정책이에요. 현대자동차와 기아가 역대급 실적을 달성하고 2023년 주당 배당금을 전년 대비 60% 이상 껑충 늘렸어요. 순이익의 25%를 주주들에게 주기로 했어요. 한국에서 보기 드문 주주 친화 경영이에요. 하지만 해외 경쟁사와 비교하면 이것도 부족합니다. 혼다의 경우 순이익의 30%를 주주들에게 배당으로 주기로 했죠. 여기에 자사주를 2조 원어치나 매입해서 주가 부양에 나서요. 자사주 매입과 배당을 다 합하면 이익의 56%를 돌려주기로 한 거예요. GM이나 포드 또한 주주 환원율이 30~40%에 달했고요. 도요타도 40%가량의 순이익을 주주들에게 돌려줘요. 잘

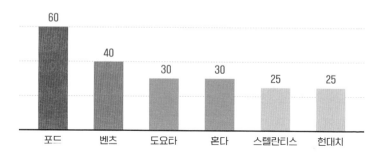

글로벌 주요 자동차 기업의 배당 성향

(단위: %)   *자료: 신영증권(2023년 기준)

포드	벤츠	도요타	혼다	스텔란티스	현대차
60	40	30	30	25	25

하고는 있지만 글로벌 스탠더드로 보면 아직도 멀었다는 것이죠.

현대자동차는 아직 완성형이 아니라 진화하는 기업이죠. 가격, 기술, 주주 경영 세 측면에서 분명 '해법'을 제시할 것이라고 믿습니다.

대동

**슈퍼 개미도 노렸던
농기계 회사의 도약**

지금은 보기 힘들지만 20여 년 전만 해도 농촌에선 거의 집마다 경운기가 있었죠. 경운기는 농촌 산업화의 상징과도 같았어요. 그런데 경운기를 혹시 어디서 만드는지 여러분은 아시나요. 자동차 회사는 알아도 경운기 회사는 잘 모르실 겁니다. 농기계는 재미도 없고 대단한 산업 같지도 않잖아요. 이번 주제는 농기계를 팔아서 매출 1조 원을 넘긴 대동입니다.

대동은 굉장히 오래된 회사입니다. 1947년에 설립이 됐으니까, 80년 가까이 됐어요. 국내에서 100년을 넘긴 회사는 단 10곳뿐이고, 60년 이상 된 기업도 569곳에 불과합니다. 요즘 스타트업이 우후죽순 생기고 있지만 대동처럼 75년 이상 버틸 수 있는 회사는 몇 안 될 거예요. 대동은 그 오랜 기간 농기계, 그중에서도 경운기를 많이 만들어 팔아 생존했습니다. 대동은 동력 경운기, 그러니까 엔진으로 가는 경운기를 1962년 국내에서 처음 양산했는데요. 현대차의 첫 차 포니보다 15년이나 빨랐죠.

당시가 어떤 상황이었냐면, 한국의 근대화가 시작돼 농촌에 있던 젊은이들이 도시로 몰려들 때였어요. 원래 농사가 한국의 주력 산업이었는데 젊은이들이 전부 도시로 몰려가면 소는 누가 키우고, 밭은 누가 가나요. 그래서 정부가 부랴부랴 농업 기계화 사업이란 것을 시작합니다. 농사지을 사람이 점점 적어지니까, 기계로 대체하자는 것이었습니다. 그 핵심이 경운기였어요. 경운기는 과거 소가 했던 역할을 대체했죠. 논밭을 갈고, 땅을 고르고, 흙덩이를 부수는 일을 했습니다. 또 사람이 타거나 짐을 싣는 역할도 했죠.

경운기 하면 대동이 대명사가 될 정도로 농촌에선 대단한 회사로 통했습니다. 경운기는 이후 덩치도 훨씬 크고 힘도 세고 더 다양한 일을 할 수 있는 트랙터로 대체되긴 했지만, 한국에선 꽤 오랜 기간 농촌의 필수 농기계였어요. 그 덕분에 대동은 안정적으로 국내 농기계 수요를 가져갔죠.

대동은 창업주 김삼만 회장과 장남 김상수 회장이 대를 이어 회사를 이끌어 왔습니다. 지금은 3세 경영자 김준식 회

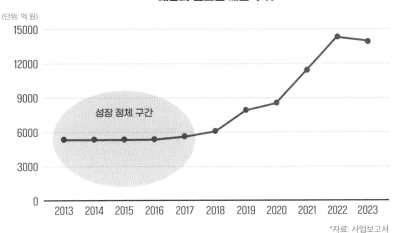

대동의 연도별 매출 추이

(단위: 억 원)

성장 정체 구간

*자료: 사업보고서

장이 이끌고 있어요. 대동은 2021년 연 매출 1조 원을 처음 넘겼습니다. 매출 1조 원을 달성하는 데 74년 걸린 겁니다. 쿠팡이 1조 원 달성하는 데 5년 걸렸는데, 대동은 여기에 비하면 소처럼 꽤 느리게 갔어요.

그런데 잘 살펴보면 대동의 매출은 최근에 빠르게 늘고 있습니다. 반대로 말하면 그 이전에는 성장을 거의 안 했다는 얘기죠. 2세대인 김상수 회장이 경영했던 시기인 2010년대 대동의 매출은 5,000억 원 안팎에서 정체를 보였는데요. 김상수 회장이 2017년 영면하고 김준식 회장이 회사를 넘겨받으면서 매출이 빠르게 늘어납니다.

매출 증가의 원인은 무엇보다 미국에 트랙터를 많이 팔

았기 때문입니다. 현재 대동의 주력 제품은 경운기가 아니라 트랙터인데요. 2020년 코로나19 대유행이 시작되자 미국, 캐나다에서 트랙터, 특히 대동이 강점이 있는 60마력 이하의 중소형 트랙터가 잘 팔렸어요. 대동은 1984년부터 미국 시장에 진출해서 현지 법인을 세우고 '카이오티(KIOTI)'란 자체 브랜드까지 만들면서 꽤 오랜 기간 공을 들였는데요. 코로나19 기간에 상당히 공격적인 마케팅을 했습니다. 경쟁사들이 코로나19로 공장을 자주 닫았는데, 대농은 반대로 공장을 풀가동해서 물건을 제때 줬어요. 기다리지 않고 바로 받으니까 인기가 좋았죠. 또 딜러들에게 프로모션해서 영업도 강화했어요.

특히 대동의 트랙터는 전문 농사꾼이 아니라, 집에서 소일하는 일반인들이 많이 샀는데요. 미국이나 캐나다 사람들은 단독주택에 많이 살다 보니 잔디 깎고, 나무 베고, 화단 가꾸고, 물건 나르고 작업할 게 많거든요. 이분들이 코로나19로 집에 있는 시간이 많다 보니까 소일거리 겸 레저 겸 소형 트랙터를 많이 산 겁니다. 대동이 그 혜택을 본 것이죠. 대동의 미국 내 트랙터 판매량은 코로나19 이전에는 연 1만 대 안팎에 불과했는데요. 2022년에 2만 대를 넘겼습니다. 2년 만에 2배 가까이 성장한 것이죠. 덕분에 2023년 매출은 1조 4,000억 원을 넘겼습니다.

대동의 성장 이면에는 경영권이 안정된 것도 있는 듯합

니다. 이 회사는 10여 년 전 경영권 분쟁을 벌였어요. 집안싸움이었습니다. 김상수 회장이 장남이 아니라 차남 김준식 회장에게 경영권을 물려주니까 형제간 다툼이 생겼어요. 여기에 '주식농부'로 유명한 슈퍼 개미 박영옥 씨가 회사와 마찰을 빚었습니다. 박영옥 씨는 한때 회사 지분을 16% 넘게 취득해서 2대 주주에까지 오르고 경영진 교체를 요구했어요. 하지만 김준식 회장은 경영권을 방어해냈고, 박영옥 씨는 2019년 보유 주식을 대부분 매각하고 현재는 지분이 거의 없는 것으로 알려져 있습니다.

김준식 회장은 경영권 분쟁을 겪은 이후에 상당히 공격적으로 사업을 확장하기 시작합니다. 미국뿐만 아니라 유럽과 오세아니아로 진출해 수출 비중을 매출의 60% 이상으로 끌어올렸어요. 대동이 내수 위주일 땐 농번기인 봄에 매출이 급격히 늘고, 하반기 특히 4분기에는 매출이 거의 없었는데, 이렇게 수출을 많이 하니까 매출 시기가 분산되는 효과가 있어서 공장을 돌리는 게 훨씬 수월해졌습니다.

미래를 위한 투자도 했는데요. 우선 자율 주행 기술을 트랙터에 도입했어요. 요즘 농기계 업계는 자율 주행이 화두입니다. 농기계를 쓰더라도 결국 사람이 필요한데, 아예 사람 없이 기계가 알아서 씨 뿌리고, 잡초 뽑고, 추수하고, 탈곡하는 식으로 기술이 발전하고 있습니다. AI와 농기계가 만나면서 가능해진 것이죠. 이 기술이 요즘 얼마나 주목받고 있냐면, 세계 최대 가전 쇼 CES에서 미국 1위 농기계 회사 존디어(디어앤드컴퍼니)가 주인공이 됐을 정도입니다.

CES는 첨단 IT 기업들이 자기 기술을 뽐내는 자리예요. 이런 자리에 농기계 회사 존디어의 CEO가 2023년 기조연설을 했습니다. 존디어는 흔히 농기계 업계의 테슬라로 불리곤 합니다. 존디어는 완전한 자율 주행이 가능한 트랙터 개발 작업을 마무리하고 양산을 앞두고 있습니다. 땅덩이가 큰 북미에서 이런 자율 주행 트랙터가 상용화된다면 농업 분야에서 생산성이 엄청나게 올라갈 것으로 기대됩니다.

대동은 존디어에 비하면 아직 걸음마 단계지만, 자율 주행 기술을 1부터 4까지 있다고 보면, 3단계에 해당하는 제품을 2023년 10월에 내놨습니다. 직선, 곡선을 다니면서 트랙터 뒤에 다는 작업기까지 자율적으로 작동하는 기술을 개발했어요. 현재 4단계 완전 자율 주행 트랙터에 적용될 클라우드 AI와 엣지 컴퓨팅 기술도 개발하고 있고요. 2024년 기술 성능 시험을 통과하고 2025년엔 무인 작업 실증 작업을 마친 뒤 2026년 상용화한다는 계획입니다.

대동은 농기계 이외에 새로운 산업도 엿보는데요. 2023년 12월에 포스코와 특수 환경에서 임무 수행을 할 수 있는 로봇 공급계약을 체결했어요. 이 로봇은 아직 AI 기능까지는 탑재

하지 못했어요. 리모컨으로 원격조종하는 로봇입니다. 흙이나 풀더미 같은 것을 운반하는 데 사용하는 스키드로더란 장비를 제철소에서 사용할 수 있게 개조한 것이죠. 주로 철광석이나 석탄이 떨어진 것을 줍는 용도로 쓸 것 같아요. 이렇게 작업에 투입해서 데이터를 쌓은 뒤에 사람이 조작할 필요 없이 자동으로 자율 작업을 할 수 있게 개발할 예정입니다.

대동의 신규 사업 중에 재미있는 게 또 하나 있어요. 바로 스마트팜 사업입니다. 지구 인구가 80억 명을 조금 넘는데요. 이 사람들이 전부 먹고살기 위해선 농업 생산성을 높여야 합니다. 이걸 해결하기 위한 사업이 바로 스마트팜입니다. 스마트팜은 기존에 땅에서 했던 농업을 빌딩 형태의 농장에서 수직으로 세워서 하는 방식인데, 이렇게 하면 공간의 제약이 줄어드는 데다 생산성이 높아집니다. 땅이 좁은 한국에 제격이죠. 다만 비용이 관건입니다. 세계 각국이 경제성 있는 스마트팜을 상용화하기 위해 경쟁을 벌이고 있습니다.

대동은 스마트팜 사업을 위해서 현대차그룹의 현대오토에버란 회사와 손을 잡았어요. 이곳에서 스마트팜에 필요한 데이터를 수집하고 있습니다. 토마토, 상추, 당근 같은 채소가 좋아하는 빛의 밝기, 이산화탄소 농도, 습도 등을 자동으로 맞춰주고 관리하기 위해선 우선 데이터가 필요하기 때문이죠.

서울 서초 나들목 부근에 대동의 서울 사무소가 있는데

요. 이 건물의 맨 위층에 식물원 같은 유리 온실이 있습니다. 이곳이 대동이 하는 스마트팜입니다. 제주도 애월에 스마트팜 단지를 조성할 계획도 갖고 있습니다. 대동은 직접 스마트팜을 하는 것에서 나아가 농촌에서 스마트팜을 하고 싶어 하는 분들이 있으면 직접 지어주고, 관리도 대신 해주는 식으로 사업을 확장하려고 합니다.

인플레이션 탓에 세계 경제가 침체 위기 속에 있다고 하는데요. 침체가 오더라도 먹는 문제만큼은 양보가 안 되죠. 물가가 오르면 자동차 안 사고, 놀러가지 않을 수는 있겠지만 먹는 건 싼 음식을 먹더라도 안 먹을 순 없습니다. 스마트팜 사업은 누군가는 꼭 해야 할 거 같습니다.

대동에 물론 기회만 있는 것은 아닙니다. 그동안 성장을 견인했던 환경이 요즘 반대로 바뀌고 있습니다. 우선 미국 사람들이 한국의 소형 트랙터 구매를 줄이고 있어요. 2023년 3분기 기준 한국의 미국 트랙터 누적 수출액은 약 6억 달러로 전년 같은 기간 대비 16.4%나 감소했어요. 특히 50마력 이하 중소형 트랙터 수출이 28%나 급감했죠. 코로나19 사태 땐 집에서 취미로 농장 일을 하는 사람들이 많았는데, 이제 그 수요가 감소한 겁니다. 또 그사이 금리가 많이 올라서 대출받아 트랙터 사는 게 부담이 되기도 하고요.

대동은 그동안 미국에서 소형 트랙터를 많이 팔았는데,

점점 중대형 트랙터 비중을 높여 가려고 해요. 중대형 트랙터는 취미가 아니라 전문적으로 농사짓는 사람들이 주로 구매하죠. 이분들은 작업 시간이 길고, 작업기도 많이 갈아 끼우고, 부품도 많이 사는 '헤비 유저'라 매출 증가에 훨씬 유리해요. 다만 이 분야는 존디어 같은 글로벌 농기계 기업들의 텃밭이라 대동이 경쟁에서 이길 수 있을지는 확실치 않죠.

대동은 아직까진 중견기업이어서, 존디어처럼 글로벌 대기업과 경쟁할 수 있을지 의문인데요. 농업 산업이 뜨면서 자본과 기술, 인재가 몰리면 기회도 되겠지만, 대동에는 엄청난 도전이기도 합니다. 자동차 업계의 테슬라처럼 농기계 업계에도 판을 뒤엎는 전혀 생뚱맞은 스타트업이 나올 가능성도 있습니다. 농업 생산성 혁명이란 거대한 파도가 일렁이고 있는데, 과연 한국 농업 현대화에 기여했던 대동이 파도에 휩쓸리는 것이 아니라 파도 위에 올라타서 빠르게 성장할 수 있을까요.

삼성이 이 회사에 로봇의 미래를 건 이유

AI의 발전 속도가 정말 빠릅니다. 앞으로 또 무엇을 보여줄지 두려울 정도예요. 몇 가지 추측은 가능합니다. 그중 하나가 로봇에 AI가 들어가는 것인데요. 영화 소재로도 많이 쓰였죠. AI가 사람으로 치면 두뇌에 해당하고, 로봇은 신체 같은 것인데요. 두뇌만 떠다니게 할 순 없으니 신체를 만들어줘야 할 겁니다. 그게 꼭 사람 모양의 휴머노이드 로봇이 될 필요는 없습니다. 로봇 청소기가 될 수도 있고, 자율주행 자동차가 될 수도 있어요. 최종적으로는 아마 사람 모양의 휴머노이드 로봇 형태로 진화하겠죠. 이미 오픈AI와 마이크로소프트, 엔비디아 같은 쟁쟁한 기업들이 투자한 로봇 개발 스타트업 '피겨

AI(Figure AI)'가 휴머노이드 로봇을 계속 발전시키고 있고요. 2021년에 처음 휴머노이드 로봇을 공개한 테슬라도 끊임없이 보다 진보한 로봇을 선보이고 있습니다.

한국이 AI 로봇을 개발한다면 두뇌에 해당하는 AI보다는 신체에 해당하는 로봇을 개발하는 게 유리할 것 같아요. 그동안 한국이 잘 해왔던 분야를 돌이켜보면, 소프트웨어보다는 하드웨어였잖아요. 구체적으론 제조업이었죠. 자동차, 배 같은 운송 수단부터 반도체와 배터리, 기계, 제철 등의 분야에서 한국은 세계적인 수준의 기술을 확보했어요. 최근엔 바이오, 제약 분야에서도 한국 기업들이 잘하고 있는데요. 여기서도 한국의 제조 경쟁력이 잘 드러납니다. 세상에 없는 신약을 개발하는 것보다는, 글로벌 바이오 기업들이 개발한 신약을 대신 만들어주는 '위탁 생산'에서 뛰어난 경쟁력을 보여주고 있죠.

로봇 시장은 아직 작지만, 특정 시점이 되면 폭발적으로 커질 것 같습니다. 그래서 애플, 테슬라 같은 미국 '빅테크(big tech)'뿐만 아니라 삼성, 현대자동차 같은 한국 회사들도 기술을 쌓고 있는 상황입니다. 글로벌 대기업들은 내부적으로는 로봇 기술을 개발하고 있지만, 외부에서 스타트업과 협업하는 형태로도 기술을 쌓고 있죠. 삼성전자도 그래요. 자체적으로 개발도 하지만 다른 회사와 손을 잡기도 했는데, 바로 레인보우로보틱스라는 회사입니다. 이름만 보면 외국 회사 같은데, 코스닥에 상장된 한국 토종 회사예요.

2023년 삼성전자는 약 870억 원을 들여 레인보우로보틱스의 지분 15%를 취득했어요. 추가로 지분을 취득할 수 있는 권리인 '콜옵션'까지 확보해서 사실상 최대 주주에 올랐어요. 삼성전자 입장에선 큰 투자 금액은 아니지만, 로봇 기업에 대한 첫 투자여서 주식시장에선 상당한 관심을 받았죠. 주가가 2023년 초에 3만~4만 원 수준이던 게 그해 9월 한때 20만 원을 훌쩍 넘기도 했어요. 기업 가치, 즉 시가총액은 4조~5조 원에 달했고요.

엄청난 회사처럼 보이지만 실적만 보면 아직은 스타트업 수준에 불과해요. 2023년 한 해 동안 거둔 매출이 153억 원입니다. 영업손실이 400억 원 넘게 났는데, 이건 회계상 비용 처리를 하느라 일회성으로 발생한 것이고, 이걸 빼면 15억 원 정도 이익을 냈다고 해요. 이익 15억 원에 코스피 평균 주가수익비율(PER) 13배를 곱하면, 기업 가치를 200억 원 정도로 계산할 수 있는데요. 기업 가치를 4조 원이라고 한다면, 코스피 상장사에 비해 200배 정도 주가에 프리미엄을 붙였다고 이해할 수 있어요. 아무리 삼성전자가 투자한 회사라고 하지만, 이 정도로 '웃돈'을 받을 만한 기업인지 따져봐야겠죠.

실은 삼성전자가 투자를 잘하는 편도 아니에요. 지금까

지 지분 투자해서 주가가 오른 곳이 드물어요. 투자하면 대부분 '마이너스' 수익을 냈어요. 그런데도 왜 이렇게 증시에서 난리가 났냐면 그림이 나오거든요. 삼성전자가 반도체, 스마트폰, 가전 다 잘 만드니까 로봇도 만들면 제대로 된 '작품'을 내놓지 않을까 하는 겁니다. 또 레인보우로보틱스가 기술 수준도 상당하다고 해요.

레인보우로보틱스의 시작은 학내 벤처였어요. 카이스트 (KAIST, 한국과학기술원) 실험실에 모인 사람들이 설립한 회사인데요. 혹시 '휴보(Hubo)'라는 로봇을 기억하시나요. 혼다가 2000년에 두 발로 걷는 아시모(Asimo)를 발표해서 세상을 깜짝 놀라게 했는데요. 아시모를 보고선 로봇 시대가 곧 오는 줄 알았죠. 2022년 11월 말 AI '챗GPT'가 나왔을 때의 충격에 버금갈 정도로 당시에 큰 화제가 됐습니다.

아시모를 본 카이스트의 기계공학과 오준호 교수가 '나도 저거 만들 수 있겠다'고 생각해요. 그리고 4년 만인 2004년 휴보를 내놓습니다. 이게 꽤 괜찮은 로봇이었는지, 해외에서 만들어달라는 요청이 계속 들어옵니다. 두 발로 걷는 로봇은 지금도 만들기가 어려운데 그땐 정말 귀했거든요. 휴보 1대 팔면 5억 원쯤 받았다고 해요. 2011년에 주문이 8대나 들어왔으니 매출이 40억 원 정도 됐을 거예요. 그런데 대학 연구소에서 로봇을 계속 돈 받고 팔 수는 없어서 어쩔 수 없이 회사를 세웠다고 해요.

당시 대학원에 다니고 있었던 오준호 교수의 제자 이정호 씨가 이때 회사에 합류했는데요. 이후에 대표가 됐어요. 오준호 교수는 이정호 대표에게 회사 경영을 맡기고 최대 주주 겸 최고기술책임자로 남았죠. '레인보우'란 사명은 그냥 좋아 보여서 지었다고 합니다. 큰 뜻이 있진 않아요. 근데 사람들이 자꾸 "동성애와 관련 있는 회사냐"고 물어서 레인보우에 로보틱스란 이름을 덧붙였다고 합니다.

레인보우로보틱스는 이후에도 한동안 휴보만 만들었어요. 그러다가 2015년에 덜컥 '사고'를 칩니다. 미국 국방성 산하 기관이 주최한 재난 구조용 로봇 대회에서 우승을 차지한 건데요. 경쟁자가 천재들만 다닌다는 미국 항공우주국 나사(NASA), 세계 최대 무기 생산 기업 록히드마틴, 그리고 MIT와 도쿄대학교 같은 세계적인 대학들이었어요. 이 대회에선 로봇이 여덟 가지 임무를 수행해야 하는데요. 밸브 잠그기, 드릴로 벽 뚫기, 장애물 통과하기, 계단 오르기 같은 것이었어요. 이 대회에서 휴보가 과제를 가장 잘 수행했어요.

기술이 좋은 건 알겠는데 팔아서 돈을 벌 수 있느냐가 중요하죠. 레인보우로보틱스는 2018년에 협동 로봇 사업에 뛰어들었어요. 협동 로봇은 사람과 함께 작업하는 로봇을 의미하죠. 기존에 로봇을 주로 썼던 곳이 자동차 공장 같은 산업계

레인보우로보틱스의 4족 보행 로봇 '로봇개'(ⓒ 연합뉴스)

였는데, 협동 로봇은 이걸 일상으로 가져온 것이라고 보면 됩니다.

예를 들면 치킨집에서 닭 튀기고, 커피숍에서 커피 내려주고, 물류센터에서 상품을 분류하고 박스에 담는 역할을 합니다. 휴보는 1년에 10대 팔기도 힘든데 이런 협동 로봇은 수요가 비교할 수 없이 많아요. 레인보우로보틱스도 기업이니까 매출을 올리기 위해선 수요가 있는 곳으로 가야 했습니다. 그렇다고 휴머노이드 로봇을 포기한 것은 아니고 기술을 더 쌓고 있어요. 4족 보행 로봇, '로봇개'라고도 하는 네 발로 다니는 로봇도 내놓습니다. 로봇개는 평지뿐만 아니라 산악 지형이나 장애물이 있는 곳도 잘 다니는데요. 로봇개에 카메라를 달아서 정찰용으로 쓰거나, 등에 짐을 싣게 해서 택배를 나르게 할 수도 있죠.

레인보우로보틱스는 원천 기술을 보유하고 있다는 게 가장 큰 경쟁력입니다. 이 회사보다 훨씬 큰 로봇 회사들도 많지만, 부품이나 소프트웨어는 자기 것이 아닌 경우가 많은데요. 레인보우로보틱스는 핵심 부품을 대부분 직접 만들어서 쓰고, 소프트웨어도 직접 개발해서 씁니다. 그래서 인가도 다른 로봇 회사보다 훨씬 싸죠. 다른 데서 사 오지 않아도 되니까요. 이 회사가 매출이 적은데도 이익을 내는 것은 이런 원천 기술이 있기 때문이죠. 로봇 회사 중에 이익을 내는 곳을 찾기 정말 힘들어요.

삼성전자가 레인보우로보틱스에 투자한 것도 이 원천 기술 때문인데요. 삼성전자가 이 회사에 투자하면서 크게 두 가지를 요구했어요. 첫 번째는 이사회에 자기들 사람 1명을 심겠다는 겁니다. 이건 돈 주는 입장에서 당연해요. 두 번째가 핵심인데요. '오준호 교수 등 경영진이 자기들 동의 없이 지분 팔고 못 나간다. 만약 팔고 싶으면 우리한테 팔아라. 우리가 사 줄게.' 뭐 이런 내용이었어요. 그러니까 삼성전자는 사실상 오준호 교수 등 경영진의 머리에 투자한 것이죠. 회사 자체만 보면 별것 없으니까요. 직원이 100명이 안 되고, 매출도 작고요. 이런 계약 사항만 봐도 레인보우로보틱스의 기술이 상당하다는 것을 간접적으로 알 수 있어요.

그럼 레인보우로보틱스의 로봇이 과연 많이 팔릴까요. 전문가들이 보는 시각은 '그렇다'입니다. 우선 레인보우로보틱스가 요즘 열심히 개발 중인 협동 로봇, 이게 10년 전 전기차처럼 수요가 폭발하기 직전인 것으로 많이들 분석합니다. 인플레이션 때문인데요. 코로나19 사태를 겪은 뒤 전 세계적으로 물가가 급등했어요. 세계 중앙은행들은 2022년부터 물가를 잡겠다고 금리를 가파르게 올렸는데요. 물가가 생각보다 잘 안 잡혔어요. 여러 이유가 있었지만, 인건비 상승이 결정적이었어요. 경제가 안 좋은데도 미국은 사실상 '완전고용' 상태였고, 월급을 올려줘도 직원을 못 구해서 난리가 났어요.

인력난이 발생한 건 또 여러 이유가 있었는데요. 미국을 비롯한 세계 각국이 이민자 정책을 강화해서 이민자가 적어졌고 일할 사람이 부족했어요. 또 미국이 한국, 대만, 일본, 독일 같은 제조 강국에 미국에 공장 지으라고 협박도 하고 달래기도 하면서 미국에 일자리가 많이 생기기도 합니다. 삼성전자, 현대자동차, LG에너지솔루션 같은 한국 기업들도 줄줄이 미국에 공장을 많이 지었어요. 또 코로나19 이후 사람들의 가치관이 바뀌어서 원치 않는 일을 하지 않으려는 경향도 생겼어요. 이런 복합적인 이유로 인건비가 계속 치솟은 겁니다.

미국 중앙은행도 2022년 이후에 매달 고용 지표만 쳐다

보고 있을 정도였어요. 그럼 기업은 무슨 생각을 할까요. 공장도 사람이 부족하겠지만 특히 사람 구하기 힘든 분야가 음식점, 카페, 호텔 같은 서비스 사업이죠. 직원을 간신히 구해도 월급을 계속 올려줘야 하니까 사람을 로봇으로 대체하고 싶은 맘이 그 어느 때보다 컸을 거예요. 점주로서는 직원 연봉이 3,000만 원인데 3,000만 원짜리 로봇이 이를 대체할 수만 있다면 불평도 없고, 월급 안 올려줘도 되는 로봇을 쓸 가능성이 크겠죠. 물론 이건 로봇이 그만큼 역할을 해줘야 가능한데요. 요즘 레인보우로보틱스 같은 곳의 협동 로봇 기술이 이 기대치에 상당히 근접한 것 같아요.

비단 미국만의 얘기는 아니고 한국도 여러 분야에서 일할 사람이 부족하죠. 특히 쿠팡 같은 물류 센터 직원들이나 쿠팡맨 같은 배송 기사들이 부족하죠. 숙박업소나 음식점 같은 곳도 일손이 많이 부족합니다. 결국 어느 산업에서나 협동 로봇 기술이 쓸 만해질 정도로 올라가고, 생산 단가가 인건비 수준으로 내려가면 폭발적으로 확산할 수 있어요. 그게 1년 뒤가 될지 10년 뒤가 될지 정확히는 모르지만, '임계치'에 점점 다가가고 있다는 것은 충분히 예상할 수 있어요.

또 산업용 로봇도 점점 사람과 함께 일하는 협동 로봇 형태로 바뀔 겁니다. 지금은 로봇 팔이 하는 공정과 사람이 일하는 공정이 분리되어 있어요. 그런데 이 구분이 점차 사라질 것으로 전문가들은 보고 있어요. 전기차 공장은 실제로 조금씩 이렇게 바뀌고 있는데요. 이 분야에서 가장 의욕을 보이는 곳이 테슬라죠. 2022년에 테슬라가 처음 로봇을 선보였는데 당장 자기들 공장부터 적용할 계획이라고 밝혔어요. 아마존, 쿠팡 같은 온라인 쇼핑 회사들도 협동 로봇을 속속 도입하고 있습니다. 물류센터에서 짐 나르는 건 이미 상당 부분 로봇이 하고 있고요. 사람 손에 의존하는, 물건을 집어서 분류하고 상자에 넣는 것까지 로봇으로 대체하는 중이에요.

삼성전자는 로봇에 '진심'인 듯해요. 돈 조금 투자해보자 하는 수준이 아니라 제대로 힘을 쏟고 있어요. 2019년 세계 최대 가전 쇼 CES에서 사람의 보행을 돕는 웨어러블 로봇 '젬스'를 선보였고요. 2021년에는 가사를 돕는 로봇 '핸디'도 내놨습니다. 삼성전자는 로봇 태스크포스(TF) 팀을 로봇 사업팀으로 확대하고 로봇 개발자도 엄청나게 뽑고 있어요.

삼성전자가 로봇에 주목하는 건 너무나 당연한데요. 우선 시장 규모가 지금 하는 사업인 반도체, 스마트폰, 가전에 버금가거나, 이들 사업보다 클 수도 있다고 보고 있습니다. 또 로봇이 잘 팔리면 그 안에 필수적으로 들어가는 반도체가 많이 필요할 텐데요. 반도체 산업을 키우는 데도 로봇 사업을 하는 게 유리합니다. 삼성전자가 2023년에 반도체 사업에서 적자를 낼 정도로 힘들었는데요. 반도체 수요가 뚝 떨어져서 그래요. 로봇이 확산하면 반도체 수요가 폭발적으로 늘 겁니다. 그럼 이 시장을 주도해보자고 생각할 수 있어요.

　과거에 삼성전자는 자동차 산업에 뛰어들었다가 실패한 뼈아픈 경험이 있어요. 사실 자동차가 가장 큰 로봇 산업이기도 합니다. 자동차에 똑똑한 AI를 넣으면 자율주행이 가능해지는데요. 지금처럼 일부 자율주행이 아니라, 완전한 자율주행이 된다면 세상이 바뀔 거예요. 그런데 여기서 한발 더 나아가 자동차가 바퀴로 가는 게 아니라 네 발로, 혹은 두 발로 간다거나 심지어 날아다닌다면요. 그럼 사람을 싣고 다니는 로봇이 되겠죠. 테슬라, 현대자동차 같은 자동차 회사도 궁극적으로 이런 걸 꿈꾸고 있어요. 레인보우로보틱스의 보행 기술을 활용해 삼성전자가 앞으로 어떤 로봇을 내놓을까요. 레인보우로보틱스에 많은 기대가 쏠린 만큼 큰 성과를 보여주면 좋겠네요.

5장

중공업

조선사인 줄로만 알았던 HD현대의 정체

2023년 현대중공업그룹이 이름을 HD현대로 바꿨습니다. HD는 누가 봐도 현대(Hyundai)의 영문 약자인 것 같은데 그럼 '현대(?)현대' 아닌가요? 회사 측에서는 HD가 '휴먼 다이내믹스(Human Dynamics)', '휴먼 드림스(Human Dreams)'라고 의미를 부여했습니다.

현대란 이름은 현정은 회장이 이끄는 현대그룹이 이미 쓰고 있어요. 앞서 현대차그룹이 증권사에 '현대'라는 이름을 붙이려 하자 현대그룹이 못 쓰게 막은 적도 있습니다. 현대그룹에서 하는 현대증권이 이미 있었거든요. 그래서 HMC투자증권이라는 이름을 쓰다가, 현대증권이 매각된 뒤 비로소 지

금의 현대차증권이 됐습니다.

정주영 회장이 창업한 현대그룹은 그 후손들로 내려가면서 각각 계열 분리가 됐는데요. 삼성, LG처럼 계열 분리 이후에 완전히 다른 이름을 쓰는 게 아니라, '현대'란 이름을 어떻게 해서든지 지키려고 하는 게 다른 대기업들과의 차이인 듯합니다.

HD현대는 로고도 교체했는데 옛날 현대 삼각형 로고와 비슷한 듯 다른 듯 조금 변형했습니다. 현대의 삼각형 로고를 쓰는 곳은 이제 현대그룹밖에 없네요. 현대자동차, 현대백화점 등 다른 범현대가는 로고를 이미 다 바꿨습니다. 현대중공업은 정주영 회장이 1972년에 세운 회사인데 50년 만에 완전히 새출발했습니다. 마침 주력인 조선업도 살아나고 있어 분위기가 좋아요. 또 정주영 회장의 손자, 정기선 부회장이 본격적으로 경영 전면에 나섰는데요. 정기선 부회장의 부친이 정몽준 아산재단 이사장인데, 정치하느라 30년 가까이 회사를 전문 경영인들에게 맡겼습니다. 정기선 부회장이 전면에 나섬으로 써 30년 만에 오너 리더십으로 돌아가는 겁니다. 이번 주제는 '부활의 뱃고동' HD현대입니다.

현대중공업의 창업 스토리는 너무나 유명합니다. 정주영 회장이 조선소를 짓기도 전에 배 주문을 받아내고, 해외 은행에 그 주문서를 들고 가 돈을 빌려 조선소를 지었습니다. 뭔가 앞뒤가 안 맞는 듯하죠. 원래는 돈 먼저 빌리고, 조선소 짓고, 배 주문받아야 순서가 맞아요. 짜장면 주문 100그릇 먼저 받고, 그 영수증 들고 은행에 가서 돈 빌리고, 그걸로 중국집 차린 것과 비슷한 거죠.

어쨌든 짜장면, 아니 배는 잘 만들어서 줬다고 합니다. 정주영 회장의 사업 방식이 늘 그랬다고 해요. 우선 하고 보는 거죠. 이걸 못 믿는 외국인에게 당시 500원짜리 지폐에 새겨진 거북선을 보여주면서 "우리가 이걸 500년 전에 만들었던 민족"이라고 말하면서 설득했다는 '전설적인 일화'도 있어요. 그렇게 시작한 조선업이 10여 년 만에 세계 1등이 됐고, 지금까지 내내 1등입니다.

정주영 회장은 평생의 큰 자부심이었던 조선업을 여섯째 아들인 정몽준 이사장에게 물려줬어요. 정몽준 이사장 역시 정주영 회장의 큰 자부심이었습니다. 정주영 회장이 초등학교(당시엔 소학교로 불렸죠) 밖에 못 나와 학벌 콤플렉스가 있었는데, 정몽준 회장이 서울대 경제학과를 나왔거든요. 아들이 여덟 명이나 있었는데 정몽준 이사장이 공부를 가장 잘했다고 합니다.

그런데 정몽준 이사장은 정치에 뜻이 있어서 매우 이른 나이에 경영에서 손을 뗍니다. 1988년 30대 중반의 나이로 국회의원 선거에서 무소속으로 당선이 됐습니다. 이후 무려 7선 의원을 지냅니다. 한때는 유력한 대선 후보로 거론되기도 했었죠. 대한축구협회장과 FIFA(국제축구연맹) 부회장을 맡아 2002 한일 월드컵을 유치하는 데 결정적인 기여도 합니다.

그사이 회사는 전문 경영인들이 키워왔어요. 정몽준 이사장이 최대 주주이자 실질적인 총수이긴 했지만, 일상적인 업무는 전문 경영자에게 맡겼습니다. 정기선 부회장도 이땐 너무 어려서 학생이었고, 본격적으로 경영 수업을 받은 것은 2013년부터이고요. 지금도 HD현대의 수장은 전문 경영인인 권오갑 회장이에요. 정기선 부회장이 언젠가 회장이 되겠지만, 아직은 그렇습니다.

HD현대가 사명에서 중공업을 뗀 것은 어찌 보면 자연스럽습니다. 조선이 주력이긴 한데 조선 회사라고 하기엔 사업이 너무 많아요. 매출만 보면 정유 회사라고도 할 수 있습니다. 절반 가까이가 정유에서 나오거든요. HD현대오일뱅크가 정유 사업을 하는데, 그룹 내에서 매출이 가장 많습니다.

더군다나 조선은 2022년 이전까진 정말 안 좋았어요. 중

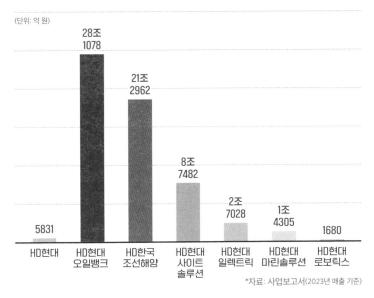

HD현대 그룹 내 계열사 매출

(단위: 억 원)

- HD현대: 5831
- HD현대오일뱅크: 28조 1078
- HD한국조선해양: 21조 2962
- HD현대사이트솔루션: 8조 7482
- HD현대일렉트릭: 2조 7028
- HD현대마린솔루션: 1조 4305
- HD현대로보틱스: 1680

*자료: 사업보고서(2023년 매출 기준)

국이 갑자기 치고 올라오니까 피 튀기는 레드오션이 됐거든 요. 심지어 한국 회사들끼리 경쟁도 심해졌어요. 일감이 없어 서 배 만드는 공장인 '독(dock)'이 노는 일까지 벌어집니다. 그 래서 나온 게 적자가 나도 배를 만들어주겠다는 '출혈 경쟁'이 에요. 배 만드는 데 1,000억 원이 든다 치면 700억, 800억 원 에 만들어줬습니다. 공장을 쉬게 하는 것보단 이게 낫다는 판 단이었던 것 같아요. 이렇게 싸게 줘도 선주가 안 찾아간 배도 있어요. 2022년부터는 이런 저가 수주 물량이 확 줄고, 제대로 돈 받고 만들어주기로 한 물량이 들어왔지만요. 2022년까지 재무적으로 너무 안 좋았습니다.

조선 사업을 총괄하는 중간 지주사 HD한국조선해양의 영업이익은 2021년 1조 원 이상 마이너스가 납니다. 2022년에도 적자가 이어져 3,000억 원 이상 손실이 났어요. HD한국조선해양은 HD현대중공업과 현대미포조선, 현대삼호중공업을 자회사로 거느리고 있죠. 사실 HD한국조선해양만 그런 건 아니고 경쟁사인 대우조선해양(현 한화오션), 삼성중공업은 적자가 더 했습니다. 이 탓에 대우조선해양은 망해서 한화에 넘어갔고, 삼성은 조선 사업을 정리하느니 마느니 했어요.

이 기간에 HD현대가 휘청휘청했을 것 같은데 그렇진 않았습니다. 오히려 그룹 전체로 보면 실적이 좋았어요. 2022년 매출이 사상 처음 60조 원을 넘겼고, 영업이익은 3배 넘게 늘어서 3조 3,000억 원이나 됐습니다. 정유 사업을 하는 HD현대오일뱅크 덕분인데요. 2022년에 러시아가 우크라이나를 침공한 뒤 유가가 뛰면서 현대오일뱅크가 사상 최대 실적을 냈습니다. 매출이 35조 원으로 HD현대그룹 매출의 절반을 넘었고, 이익은 2조 8,000억 원으로 그룹 전체의 80%를 책임졌습니다. 이 시기는 HD현대오일뱅크 덕분에 먹고 살았어요.

이듬해인 2023년엔 반대였어요. 기름값이 확 떨어져서 HD현대오일뱅크의 매출과 영업이익이 크게 감소했죠. 특히 영업이익은 77%나 감소해서 약 6,100억 원에 불과했어요. 이익의 대부분을 책임졌던 HD현대오일뱅크가 주춤하자 이번엔 조선 사업을 하는 HD한국조선해양이 만회해줬어요. 2022년 한창 안 좋을 때는 영업이익이 500억 원 수준에 불과했는데, 2023년엔 2,800억 원으로 껑충 뛰었습니다. 이 회사는 기존에 저가 수주한 물량이 조금씩 빠지고, 비싸게 수주받은 게 계속 반영되고 있어서 시간이 갈수록 이익 규모가 계속 커지고 있어요. 또 포클레인, 지게차 같은 건설 기계, 산업 기계 사업을 하는 HD현대사이트솔루션도 좋았어요. 2023년만 놓고 봤을 땐 계열사 중 가장 많은 이익을 올렸습니다. 영업이익이 7,000억 원을 넘겼어요.

이런 식으로 정유가 안 좋으면 조선이, 조선이 안 좋으면 기계가 힘을 내줘서 사업 포트폴리오가 참 좋아 보이기도 합니다. 하지만 주식시장에서 투자자들은 이런 '종합 선물 세트' 같은 회사를 별로 안 좋아해요. 사업 정체성이 모호하다는 것이죠. 더구나 지분만 들고 있는 껍데기 지주사는 더 안 좋아하고요. 2023년 한때 주가수익비율(PER)이 3배 수준에 불과할 때도 있었습니다. 코스피 평균 약 10~13배에 비해 크게 낮았죠. 만약 조선 산업이 유망해 보여서 투자하고 싶은 분들은 HD현대 주식을 사는 것보다 HD한국조선해양, 혹은 그 자회사인 HD현대중공업이나 현대미포조선을 사는 게 나은 선택일 수 있어요.

조선업은 2024~2025년에 좋을 듯하죠. 과거에 저가 수주를 받아놓은 배들이 많이 나가서 그런데요. 배는 수주를 받은 뒤에 실제 공사에 들어가는 시간이 꽤 길어요. 3~4년씩 걸립니다. 2020년 코로나19 팬데믹 이전에 주문받아 놓은 저가 물량은 독에 지금 거의 없습니다. 대신 비싸게 주문받은 물량이 들어오고 있어요. LNG 운반선, 초대형 컨테이너선, 초대형 유조선 같은 것들이죠. 현대미포조선 기준으로 2024년에 다 만들어서 넘겨줄 배를 보면 2020년에 수주한 게 1척, 2021년 10척, 2022년 19척입니다. 이런 배들의 공사를 진행하면 매출, 이익이 확 좋아질 겁니다. HD한국조선해양의 연간 영업이익이 '조 단위'로 발생할 것으로 기대됩니다.

HD현대중공업, 현대삼호중공업, 현대미포조선은 각각 3~4년 치 일감을 확보해놓고 있습니다. 참고로 이 회사들은 각각 세계 조선소 순위 2등, 4등, 8등입니다. 다 합치면 압도적인 1등이에요. 일감이 많아서 요즘은 주문도 가려서 받고 있습니다. 돈 안 되는 중소형 화물선 같은 건 잘 안 하고, LNG 운반선 같은 고부가가치 선박이나 메탄올 추진선 같은 친환경 선박에 집중하고 있어요. 정기선 HD현대그룹 부회장은 CES 2023에서 "적자 수주 관행은 앞으로 사라질 것이다"라고 말하기도 했어요. 사실 이제는 일감이 없어서 문제가 아니라, 용접공 같은 숙련된 사람을 못 구해서 일감이 있어도 제때 못 만들어 줄 것을 걱정해야 할 처지죠.

HD현대는 친환경 선박에 강점이 있는데요. 선박에 대한 환경 규제가 빠르게 강화되고 있어서, 선주들이 옛날처럼 벙커C유로 가는 배를 쓰기 점점 어려워지고 있어요. 벙커C유는 저렴한 기름인데, 오염 물질이 엄청나게 나옵니다. 대안으로 LNG나, 공업용 알코올인 메탄올을 연료로 쓰는 배가 인기를 얻고 있습니다. HD현대는 2024년 1월에 세계 최초로 메탄올로 가는 컨테이너선을 건조했어요. 2024년 3월 기준 메탄올 추진 컨테이너선 수주 잔량이 43척이나 됩니다. 이건 전 세계에서 가장 많은 물량이에요.

HD현대는 선박뿐만 아니라 엔진 분야에서도 세계 최고의 경쟁력을 보유하고 있습니다. 이름이 '힘센 엔진'이에요. 요즘은 수소와 LNG를 함께 연료로 쓰는 엔진을 개발 중인데요. 상용화가 된다면 진정한 친환경 엔진으로 등극할 겁니다.

여러모로 조선업이 좋아지긴 하는데요. 아직 어려움도 많습니다. 우선 일할 사람을 구하는 게 쉽지 않아요. 과거 안 좋았던 시절에 사람들이 조선소를 많이 떠났는데 돌아오지 않고 있습니다. 부족한 인력은 외국인 근로자들로 채우고 있는데요. 2023년 기준으로 신규 채용 인력의 70~80%가 외국인이었다고 합니다. 인력난이 길어지고 있어 조선사들은 돈을 더 주고서라도 사람을 뽑아야 하는데요. 2023년에 국내 조선사들의 근로자 급여가 전년 대비 평균 20~30%씩 오르는 일이 있었습니다. 그런데도 만성적인 인력난을 겪고 있어 배 만드는 일에 로봇을 도입하는 방안까지 검토하고 있어요.

조선업은 한국의 주력 산업 중 하나이고 세계 1위 경쟁력을 가진 만큼 중국의 공세를 반드시 막아내야 해요. 중국은 전 세계 배의 절반가량을 만들어 줄 정도로 대규모 조선 설비를 갖추고 있습니다. 하지만 한국은 비싸고 큰 친환경 선박에서 분명한 강섬이 있어요. 그리고 그 중심에 HD현대가 있습니다. HD현대는 경기도 성남에 신사옥을 짓고 계열사들을 한 곳에 입주시켰어요. 사옥이 첨단 IT 회사나 게임사 못지않게 엄청 좋다고 합니다.

HD현대가 회사 이름도, 로고도, 사옥도 예전 중공업 시절의 고루한 이미지를 벗어던지고 새롭게 변화하고 있습니다. 여기에 새로운 리더십을 갖춘 정기선 부회장이 대외 활동을 적극적으로 하면서 새로운 총수로서의 면모를 보여주고 있어요. HD현대가 한국의 조선 산업을 앞으로 어떻게 이끌고 나갈지 지켜보시죠.

수많은 위기 속에서도
저력을 보여주다

2022년 말, 야구에 진심인 두산이 큰 투자를 합니다. 한국 프로야구 최고 포수 양의지를 데려오는 데 152억 원을 썼어요. 이때까지 KBO(한국야구위원회) 자유계약선수(FA) 사상 최대 금액이었어요. 한화가 2024년 총액 170억 원에 류현진과 계약하면서 사상 최대 기록이 깨졌지만, 두산의 투자는 당시에 엄청난 화제가 됐습니다.

　왜냐하면 당시 두산그룹은 큰 위기를 겪고 있었기 때문이에요. 알짜 계열사들을 대거 팔았고, 심지어 야구단도 매물로 내놓을 수 있다는 얘기까지 나왔습니다. 그런 상황에서 야구선수 1명을 영입하는 데 152억 원을 썼으니 말이 나올 수밖에 없었죠. 또 이승엽을 감독으로 선임하면서 그에게 준 돈이 18억 원이나 됩니다. 사업은 안돼도 야구는 잘해야 한다는 두산의 '정신'을 보여줬네요.

두산은 어려울 때 하는 투자가 진정한 투자라고 생각하는 것 같습니다. 야구단을 통해 그룹이 재건할 수 있다는 희망을 보고 싶었던 것 같아요. 두산은 그해 반도체 후공정 업체 '테스나(Tesna)'를 4,600억 원에 인수하면서 재건의 '씨앗'을 뿌렸고, 2023년엔 누산로보틱스를 상장하면서 신규 사업을 잘 안착시킬 수 있다는 자신감을 얻었죠. 그렇다면 두산은 과연 야구뿐만 아니라 사업에서도 다시 명가가 될 수 있을까요.

먼저 두산이란 회사를 알아보시죠. 한국에 100년이 넘은 회사가 딱 10곳밖에 없는데, 두산이 그중 하나입니다. 구한말인 1896년 사업을 시작했어요. 김태리가 카스텔라 먹고, 이병헌이 가베 마시던 드라마 〈미스터 션샤인〉의 배경이 됐던 시대죠. 한국처럼 산업화가 늦은 나라에서 한 기업이 100년을 넘기는 건 엄청난 일입니다. 보통 10년, 20년 생존도 쉽지 않거든요. 대우, 한보, 국제, 해태, STX 등등 내로라하는 회사들이 그사이에 사라졌죠. 사람과 다르게 기업은 평균 수명이 점점 짧아져서 2027년에는 12년에 불과할 것이란 전망도 있습니다. 근데 두산은 거의 130년을 버텼어요. 어떻게 '존버' 했는지는 뒤에서 다시 설명할게요.

어디든 그렇지만 처음 시작할 땐 두산도 대단하진 않았어요. 포목상을 했습니다. 시장에서 장사하는 수준이었어요. 일제강점기를 거치고 해방 이후인 1952년 맥주 사업을 하면서 번듯한 회사가 됩니다. 우리가 기억하는 OB맥주가 두산을 대기업으로 이끌었어요. 두산베어스도 과거에는 OB베어스였죠. 원래 한국에서 맥주는 귀한 술이었는데, 해방 이후 맥주를 대량생산하니까 빠르게 대중화됩니다. 아, 그리고 이때는 OB맥주가 아니라 동양맥주였어요.

두산은 맥주로 돈 벌어서 주로 먹고, 마시고, 입는 소비재 사업을 확대합니다. 특히 해외 브랜드를 한국에 들여와 성공했어요. 코카콜라, KFC, 버거킹, 폴로 랄프로렌, 이런 브랜드를 들여온 게 두산이었죠. 잘될 브랜드를 보는 눈만 있어도 우리도 대기업을 경영할 수 있어요.

그런데 우리가 아는 두산은 지금 이런 사업 안 하잖아요. 1991년 이 사업들을 전부 정리해야만 하는 낙동강 페놀 사건이 발생합니다. 두산그룹에 두산전자란 자회사가 있었는데, 유독물질인 페놀 원액을 사고로 낙동강에 유출해요. 지금까지 국내에서 발생한 환경 사고 중 최악으로 꼽힐 정도로 엄청난 사회적 파장이 일었어요. 이 사고의 책임을 지고 박용곤 당시 두산그룹 회장이 물러납니다.

파문은 쉽게 가라앉지 않았어요. 두산 제품 불매운동으

로 이어져 두산이 도저히 사업하기 어려운 지경에 이릅니다. 더군다나 두산은 맥주, 소주, 콜라 같은 물장사를 주력으로 했는데 상수원에 페놀을 흘려보냈으니, 사람들이 조선 땅에서 물장사하도록 내버려뒀겠어요. 회사가 거의 없어질 뻔합니다.

하지만 오래된 회사라 내공이 달랐어요. 구한말, 일제강점기, 6·25 전쟁을 다 견뎠는데 쉽게 무너지지 않습니다. 이때부터 우리가 아는 두산으로 사업 구조가 완전히 바뀝니다. 사실상 소비재 사업을 전부 팔죠. 그룹의 모태가 된 OB맥주까지 팔아요. 이후 회사를 중공업 위주로 탈바꿈합니다. 일반 소비자가 아닌 기업을 상대로 물건을 파는 B2B로 바꾼 겁니다. 물론 이 과정은 엄청나게 고통스러웠어요. 호프집 하다가 때려치우고 공장에 들어가서 쇠 깎고 망치질하려니 얼마나 힘들었겠어요. '이러지 말자, 그냥 하던 거 하자' 형제간 싸움이 나서 의절하고, 난리가 납니다.

2000년대 들어 두산은 한국중공업, 지금의 두산에너빌리티죠. 이곳을 시작으로 대우종합기계, 고려산업개발 등 '중후장대'라고 불리는 덩치 큰 산업에 진출합니다. 그런데, 안 하던 거 해서 그런지 얼마 안 가 또 위기가 발생하죠. 두산이 엄청 사고 싶어 하는 회사가 있었는데, 미국 건설기계 회사 '밥캣(Bobcat)'이었어요. 고양이처럼 생긴 로고가 유명하죠. 업계에선 꽤 알아주는 괜찮은 회사였어요. 하지만 인수 시점과

가격이 문제였습니다.

2007년 인수가 6조 원에 밥캣을 샀는데, 그때까지 한국 기업이 해외에서 M&A한 것 중에 가장 규모가 컸어요. 두산이 '호구'처럼 비싸게 샀다는 말이 나옵니다. 사실 비싸게 사도 회사만 잘 되면 상관이 없는데, 하필이면 인수하고 다음 해에 글로벌 금융위기가 터집니다. 이때 건설 경기가 어땠냐면 아파트 지으면 미분양 나고, 집 사면 바보 되는 분위기였어요. 그러니 건설 장비가 잘될 리 없죠. 포클레인, 지게차 같은 게 안 팔려서 창고에 쌓입니다.

돈 빌려서 밥캣을 샀는데 장사가 안되니까 빌린 돈의 원금은커녕 이자도 못 갚았어요. 근데 여기서 또 두산건설이 삽질을 합니다. 경기도 고양시 일산 허허벌판에 '더 제니스(The Zenith)'라는 말도 안 되게 큰 아파트를 지어요. 63빌딩 높이의 아파트 8개 동을 지었는데, 지금 봐도 엄청나지만 당시에는 아무것도 없는 논밭에 딱 아파트 건물만 보였어요. 이게 거의 안 팔려서 조 단위 손실이 납니다.

여기에 면세점 한다고 했다가 돈 까먹고, 문재인 정부 때 탈원전한다고 해서 타격받고, 이래저래 손실과 실패가 겹쳐 항복하고 정부에 도와달라고 SOS를 치죠. 결국 2020년 산업은행이 도와주기로 하고 그 대가로 돈 되는 건 다 팔라고 합니다. 동대문에 있는 두산타워 건물부터 클럽모우 골프장, 두산

두산그룹의 재무구조 개선 작업	
2020년 3월	두산중공업, 산업은행에 자금 지원 신청
2020년 4월	두산그룹, 산은에 자구 계획 제출
2020년 6월	두산그룹, 산은과 재무구조 개선 약정 체결
2020년 7월	클럽모우CC 1,850억 원에 하나금융-모아미래도 컨소시엄에 매각
	두산솔루스 6,986억 원에 스카이레이크에 매각
2020년 8월	㈜두산 모트롤BG 4,530억 원에 소시어스PE-웰투시인베스트먼트에 매각
	네오플럭스 730억 원에 신한금융에 매각
2020년 9월	동대문 두산타워 8,000억 원에 매각
2020년 12월	두산중공업, 1조 2,000억 원 유상증자 성공
2021년 8월	두산인프라코어, 현대중공업그룹으로 8,500억 원에 매각 완료
2021년 11월	두산건설, 더제니스홀딩스 유한회사에 매각
2022년 2월	두산중공업, 1조 1,500억 원 유상증자 성공
2022년 2월 28일	산은, 재무구조 개선 MOU에 따른 채권단 관리체제 종결 선언

인프라코어, 두산솔루스, 두산건설 등등 계열사까지 싹 다 정리합니다. 야구단 판다는 얘기도 나왔는데, 이건 끝까지 지키더라고요.

그럼 두산은 앞으로 뭐 먹고사냐. 산업은행이 그랬죠. '살려는 드릴게.' 두산이 끝까지 지킨 두 회사가 있어요. 두산에너빌리티와 밥캣. 두산에너빌리티는 사실 팔 수가 없죠. 이거 팔면 두산이 없어지는 거니까요. 이 회사는 사업 분야가 굉장히 다양한데요. 그중에서 원자력 발전 설비가 크게 주목받고 있어요. 사실 몇 년 전까지만 해도 원전은 '에너지 빌런'으로 불렸습니다. 2011년 후쿠시마에서 원전 사고가 나자 전 세계가 '아, 이건 아니다' 싶었죠. 한국도 문재인 정부 때 원전을 대체할 재생에너지 확대 정책을 추진합니다.

그런데 러시아가 우크라이나를 침공한 뒤 원전에 대한 대우가 달라집니다. 당장 에너지가 필요한데 태양광, 풍력 같은 재생에너지로 바꾸려니 시간과 돈이 많이 들고, 석탄, 석유를 다시 때자니 지구에 미안하고, 심지어 산유국인 사우디나 이란 같은 나라들도 원자력발전소를 짓겠다고 나서요. 에너지도 확보하고 핵도 확보하는 다목적 포석 같아요.

실제로 두산에너빌리티의 연결 기준 매출은 2023년에 전년 대비 14% 늘었고, 영업이익은 32%나 급증해요. 국내에서 대형 원전을 잇달아 수주하면서 실적이 빠르게 좋아진 겁니다. 2023년에는 원전 수주액이 4조 2,000억 원에 달했어요. 또 SMR(소형모듈원자로) 수주도 터질 분위기예요. SMR은 기존 원자로 대비 크기는 100분의 1에 불과한데 지진이 나도 잘 버티고 출력도 세서 새로운 에너지 대안으로 주목받고 있어요. 수주가 한 번 터지기 시작하면 두산이 단번에 일어날 수도 있습니다.

또 두산이 기대하는 게 발전소에 들어가는 가스터빈입니다. LNG(액화천연가스)를 태워서 발전하는 게 가스터빈인데요. 요즘은 가스만 연료로 쓰는 게 아니라 미래 에너지로 불리는 수소를 일부 넣거나, 아예 수소만 태우는 수소 터빈이 점점 발전하고 있어요. 수소를 태우면 물밖에 안 나오기 때문에 요즘 수소를 주력 연료로 쓰자는 게 세계적인 흐름입니다.

수소 터빈을 상용화할 수 있는 기업은 두산 외에 미국의 GE, 독일의 지멘스, 일본의 미쓰비시 정도밖에 없어요. 이 중에서 개발 속도는 두산이 가장 빠릅니다. 사실 수소는 두산의 미래예요. 사람도 미래고, 수소도 미래죠. 두산 계열사 중에 두산퓨얼셀이라는 계열사가 있는데, 이 회사가 하는 게 수소 연료전지 사업입니다. 수소와 산소를 결합하면 전기와 열이 발생하는데 연료전지는 이 전기와 열을 활용하는 장치예요.

2021년 두산퓨얼셀은 충남 대산 산업단지에 세계 최초의 수소 연료전지 발전소를 지었어요. 또 이걸 중국에 수출했는데, 중국에선 이런 식의 발전소를 계속 짓겠다고 합니다. 발주가 계속 나오겠죠. 물론 두산퓨얼셀이 이익을 얼마나 가져갈지는 미정이지만요. 두산퓨얼셀은 2023년 기준으로 2,600억 원가량의 매출을 거뒀고, 이익은 굉장히 미미한 수준인 16억 원 정도였어요. 하지만 주식시장에선 이 회사의 가치를 1조 원이 넘는다고 평가하고 있어요. 재무제표만 보면 1조 원은커녕 1,000억 원도 과분한데요. 지금은 돈을 잘 못 벌지만, 앞으로 '대박'이 날 것이라고 투자자들은 기대합니다.

정부는 수소 발전을 통해 발생한 전기를 매년 의무적으로 구매하는 제도를 2023년부터 시작했어요. 청정수소발전의무

화제도(CHPS)라고 해요. 이 제도의 시행으로 두산퓨얼셀이 혜택을 볼 것 같아요. 2023년에 국내 일반 수소 발전 입찰의 62%를 가져갔거든요. 수소 발전 시장은 계속 커질 수밖에 없어요. 더구나 수소 연료전지는 트럭 같은 상업용 차량과 해양 선박에도 쓰일 수 있어서 잠재력이 전기차 못지않습니다.

여기에 두산에너빌리티는 기체 상태인 수소를 액체 상태로 바꿔서 운송과 보관을 효율적으로 하는 액화수소플랜트를 2024년 초 경남 창원에 지었어요. 국내에선 첫 사례라고 합니다. 기체 상태의 수소를 액체 상태로 바꾸면 부피가 800분의 1 수준으로 확 줄어서 저장하고, 운송하는 게 훨씬 쉬워져요. 다만 온도를 영하 253도까지 낮춰야 해서 극저온 설비가 대규모로 들어가야 하는데요. 그래서 액화수소플랜트가 필요한 것이죠.

두산에는 수소 에너지 관련 사업이 많습니다. 계열사 중에 두산로지스틱스솔루션이라고 있어요. 물류를 하는 계열사죠. 이 회사는 수소 드론까지 개발했어요. 배터리로 충전하는 드론은 기껏해야 20~30분 뜨는데, 수소 드론은 두 시간 이상 비행할 수 있어서 비싸도 사겠다는 곳이 꽤 있어요. 산불 감시나 군사용 정찰, 태양광 발전 모니터링, 이런 일에 쓸 수 있거든요. 수소는 이렇게 적용 범위가 엄청 넓죠.

두산은 로봇에도 진심입니다. 테슬라부터 삼성전자, 현

대자동차 등 글로벌 대기업이라면 로봇 사업을 다 하고 있죠. 두산도 두산로보틱스를 통해 로봇 사업을 하고 있어요. 레인보우로보틱스와 함께 한국을 대표하는 로봇 기업으로 꼽힙니다. 2015년에 설립됐으니 스타트업 같은 회사인데 2023년에 상장할 때 폭발적인 관심을 받았어요. 이 회사의 특기가 협동로봇, 사람과 함께 일하는 로봇을 만드는 것인데요. 해외 기업들이 관심을 보이고 있습니다. 2023년 기준 매출의 절반이 미국, 유럽에 로봇을 수출한 것이었어요.

매출은 아직 보잘것없습니다. 2023년 매출이 530억 원에 불과했어요. 영업 손실은 191억 원에 달했고요. 그런데 기업가치는 수조 원으로 평가받고 있어요. 앞으로 로봇 수요가 폭발적으로 늘 수 있기 때문이죠. 쿠팡을 예를 들어볼까요. 쿠팡은 2022년에 약 26조 원의 매출을 올렸고, 인건비로 5조 원을 썼어요. 인건비 비중이 20% 가까이 됩니다. 엄청나게 큰 물류센터를 전국 곳곳에 지었는데, 아직도 사람들이 일일이 들어가서 물건 분류하고, 박스에 넣고, 포장해요. 이 일을 로봇으로 조금씩 대체하고 있죠. 인건비를 10%만 줄여도 수천억 원의 이익을 추가로 낼 수 있어요. 쿠팡으로서는 괜찮은 로봇만 있다면 당장 들이고 싶을 겁니다.

더군다나 요즘 사람들은 물류센터나 공장 같은 곳에서 일을 점점 안 하려고 해요. 조선소 같은 곳은 일할 사람이 없어서 동남아시아에서 사람을 들여와 고용하고 있잖아요. 인력난을 겪고 있는 기업이나 인건비 비중이 큰 기업은 사람을 대체할 로봇을 개발해달라고 아우성칩니다. 이건 비단 한국만 그런 게 아니라 세계적인 현상이에요. 미국도 2022년부터 물가가 급등한 주된 이유 중 하나가 인건비 상승이었잖아요. 기업들은 일할 사람이 부족하니까 임금을 계속 올려줬고, 오른 인건비만큼 제품 가격을 올려 받아서 물가가 전반적으로 다 올랐어요.

앞에서 열거한 수소나 로봇 사업이 아직 엄청나게 돈을 버는 것은 아니에요. 하지만 시장이 열리기만 하면 반도체와 배터리 못지않게 한국을 먹여 살릴 산업이 될 수도 있을 겁니다. 당장 돈 버는 사업을 대부분 팔아버린 두산으로서는 이런 사업을 잘 키워야 과거의 영광을 되찾을 수 있을 겁니다. 근데 이런 유망 사업들을 키우려면 결국에는 '돈줄'이 필요한데요. 두산이 끝까지 팔지 않고 지켰던 기업이 하나 있어요. 두산의 위기를 초래한 주요 원인, 바로 밥캣입니다.

지금 두산에서 가장 돈을 잘 버는 회사가 두산밥캣인데요. 두산에너빌리티의 자회사죠. 연간 1조 원 안팎의 이익을 따박따박 잘 내주고 있어요. 2023년에 매출은 10조 원에 육박했고, 영업이익은 1조 3,000억 원을 넘겼어요. 영업이익률이 14%에 달합니다. 제조업에서 이익률이 10%를 넘기면 '알짜'란 말을 듣는데, 두산 계열사 중에서 최고의 알짜라고 할 수 있어요.

두산밥캣은 두산그룹을 먹여 살리는 가장 역할을 하고 있어요. 미국에서 매출이 많이 나옵니다. 2022년부터 미국은 인플레이션 감축법을 시행한 뒤에 도로, 통신 같은 인프라 투자를 엄청나게 늘리고 있어요. 또 '리쇼어링(인건비 등 각종 비용 절감을 이유로 해외에 나간 자국 기업이 다시 국내로 돌아오는 현상)'이라고 하죠. 반도체, 배터리 같은 전략 산업을 자국에 유치하기 위해서 엄청난 인센티브를 주고 있습니다. 삼성전자, 현대차, SK, LG 등 한국의 4대 기업들도 일제히 미국에 공장을 지었거나 짓는 중이죠. 이런 인프라 투자가 늘면 건설 장비가 엄청 필요할 겁니다.

두산베어스는 2022년에 10개 팀 가운데 9위를 하면서 '야구 명가'의 자존심을 구겼는데요. 양의지를 영입한 뒤 이듬해인 2023년에 5위로 순위를 껑충 끌어올렸어요. 야구처럼 사업도 힘든 상황에서 수소, 로봇 같은 미래 성장 동력에 투자를 많이 했어요. 결실을 볼 날을 기다리고 있겠죠.

박정원 두산그룹 회장은 2024년 신년사에서 "투자가 필요하다고 판단하면 과감하게, 경쟁자에 앞서 실행에 옮겨야 한다"고 했어요. 임직원들에게 '파이팅'을 강조한 것인데요. 130년 가까운 세월 동안 수많은 위기 속에서도 저력을 보여준 두산입니다. 이번에도 위기를 잘 딛고 다시 일어설 수 있을까요.

공중분해되는 아시아나와 대한항공의 셈법

아시아나항공이 공중분해되고 있습니다. 알짜 사업인 화물이 떨어져 나가고, 유럽 노선도 떨어져 나가고, 이런 식으로 사업이 하나하나 축소되고 있어요. 대한항공이 인수한다고 나선 영향인데요. 뭔가 이해가 잘 안 가지 않습니까. 두 회사가 합친다면 공중분해가 아니라, 눈덩이처럼 커져야 할 것 같은데요. 현실은 전혀 다르게 돌아가고 있어요.

그럼 이렇게 분해된 아시아나항공을 과연 사는 게 이득인지도 잘 모르겠는데요. 대한항공은 다 분해되고 재만 남는다고 해도 목숨 걸고 사겠다고 합니다. 물론, 여기에도 이유가 있습니다. 대한항공의 셈법은 무엇인지, 막장 드라마로 들어가 보겠습니다.

　대한항공이 아시아나항공을 인수한다고 나선 시기는 2020년 11월이었어요. 코로나19로 전 세계가 난리가 났던 시기였죠. 다 어려웠지만, 항공사가 특히 힘들었어요. 비행기가 아예 뜨지를 못했으니까요. 아시아나는 금호아시아나그룹이 해체되면서 산업은행 등 채권단의 관리하에 있었어요. 한바탕 빚잔치를 크게 해야 하는데, 코로나19가 터져서 머리가 아픈 상황이었습니다.

　대한항공이 돈이 많아서 아시아나항공을 산다고 했던 건 아니었어요. 대한항공도 굉장히 어려운 상황이었습니다. 은행들이 큰맘 먹고 빌린 돈 내놓으라고 하면 금세 부도가 날 수도 있었어요. 더구나 대한항공은 경영권 분쟁 상황이기도 했습니다. 조양호 회장이 2019년에 돌아가시고, 장남인 조원태 회장이 막 경영권을 잡았는데요. 여기에 반발해서 누나인 조현아(지금은 이름을 조승연으로 바꿨죠) 전 부사장이 싸우고 있었습니다. 그러니까 대한항공도 스스로 앞가림을 못하긴 마찬가지였어요.

　두 회사를 합친다는 구상은 산업은행을 앞세운 정부가 한 것이었습니다. 산업은행은 최대 채권자, 그러니까 빚쟁이였죠. 두 회사 다 그냥 두면 망할 것 같았고, 실제로 망하면 빌려준 돈이 아시아나항공만 3조 6,000억 원이나 되는데, 이 돈

다 떼일 위기이기도 했습니다. 또 항공은 국가 기간산업이라 어떻게 해서든 살려야 한다는 당위성도 있었고요. 그래서 머리를 굴리다가 생각해낸 게 두 회사를 합친다는 겁니다.

그림은 이래요. 우선 산업은행이 대한항공의 모기업인 한진칼에 8,000억 원을 넣어줍니다. 이 8,000억 원은 주식이랑 교환 사채 같은 건데요. 어쨌든 산업은행이 한진칼의 대주주가 되는 겁니다. 한진칼은 대한항공 유상증자에 참여해서 7,300억 원을 넣어줍니다. 대한항공은 이 돈 7,300억 원과 다른 주주들에게 받은 돈을 합쳐서 총 2조 5,000억 원을 만들어요. 그리고 아시아나항공 유상증자에 대한항공이 들어가서 지분 60%가량을 확보합니다. 그러고 나서 두 회사를 합병하면, '메가 항공사 탄생'이 되는 겁니다.

이건 시작할 때부터 논란이 많았어요. 국민 세금으로 조원태 회장을 경영권 분쟁에서 이기게 해주고, 여기에 더해 아시아나항공까지 몰아줘서 초대형 국적 항공사를 안겨주는 꼴이잖아요. 물론 산업은행도 나름대로 논리는 있었는데요. 어차피 누군가 해야 한다면 가장 이 산업에 대해 잘 아는 대한항공이 하는 게 맞고, 조원태 회장은 어쨌든 조양호 회장의 후계자인 만큼 가장 책임감 있게 할 수 있다고 봤어요. 또 아시아나항공을 그냥 두면 망해서 없어질 텐데, 그럴 바엔 대한항공에 주는 게 낫다는 식의 논리를 펼칩니다.

그렇게 해서 시작된 합병 작업은 생각보다 훨씬 어려웠어요. 기업과 기업을 합칠 땐 그 나라에서뿐만 아니라 사업을 하는 해당 국가에서도 승인을 받아야 하는데요. 주로 보는 게 노선을 독점하고 있는지입니다. 다른 항공사는 안 다니고 대한항공, 아시아나 2곳만 다니는 노선이면 소비자들의 선택권이 제한된다고 보는 것이죠. 만약 이런 상황인데도 승인을 받고 싶다면 슬롯이란 걸 내놔야 합니다. 슬롯은 시간당 비행기가 이착륙할 수 있는 횟수를 말하죠. 이걸 반납하면 다른 항공사가 가져가서 경쟁이 벌어집니다.

근데 이 과정에서 굉장히 아이러니한 상황이 연출됩니다. 예를 들어 유럽에서 심사받을 땐 프랑크푸르트, 파리, 바르셀로나, 로마 노선의 슬롯을 내놓으란 요구를 받았어요. 대한항공과 아시아나가 이 노선에선 2024년 3월 기준으로 총 44개 슬롯을 보유하고 있는데요. 아시아나 슬롯만 매출로 환산하면 연간 약 6,000억 원에 달합니다. 이 알짜 슬롯 일부를 받기로 한 곳이 바로 티웨이항공이죠. 근데 티웨이항공은 문제가 있습니다. 이런 장거리 노선을 해본 경험이 없어요. 그래서 대한항공이 비행기 빌려주고 승무원 빌려주고, 심지어 정비사까지 빌려주기로 했어요. 이런 식으로 대한항공이 내놓은 슬롯이 영국에선 7개, 중국에선 49개에 달합니다.

이것만 해도 간, 쓸개 다 빼준 꼴인데 여기에 더해 아시아

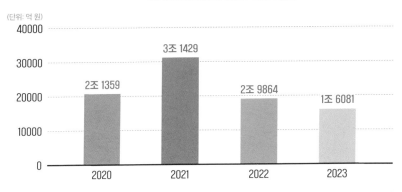

아시아나항공의 화물 수출 매출

(단위: 억 원)

- 2020: 2조 1359
- 2021: 3조 1429
- 2022: 2조 9864
- 2023: 1조 6081

*자료: 사업보고서

나의 화물 사업부도 매물로 내놨어요. 화물 사업부는 2023년 기준으로 전체 매출의 20%를 차지하는데요. 코로나19가 한창일 땐 이 비중이 70%를 넘기기도 했어요. 사람은 비행기로 안 다녔지만, 화물은 엄청나게 다녔거든요. 매출이 잘 나오면 연 3조 원, 잘 안 나와도 1조 원 이상 하는 큰 사업이에요.

이 사업은 전망도 좋습니다. 요즘 알리익스프레스, 테무, 쉐인 같은 중국 온라인 쇼핑몰이 인기죠. 한국뿐만 아니라 미국, 유럽에서도 폭발적으로 이용량이 늘고 있는데요. 그래서 항공기 화물 물동량도 그만큼 늘고 있습니다. 알리, 테무 같은 해외 직구 화물 비중이 대한항공에선 2023년 기준으로 13%까지 올라갔어요. 이게 2019년엔 4%에 불과했습니다. 보잉에 따르면 글로벌 전자상거래 시장이 2023년 6조 3,000억 달러에서 2026년 8조 1,000억 달러로 크게 성장할 전망입니다.

알짜 슬롯 빼주고, 알짜 화물 빼주고, 이쯤 하면 인수를 포기할 법도 한데요. 근데 조원태 회장은 합병에 모든 걸 걸었다면서 의지를 더욱 불태웠어요. 산업은행이 대한항공을 지원해준 조건이 뭐였나요. 아시아나항공 인수였잖아요. 경영권 지켜주고, 대한항공 살려주고, 여기에 더해 아시아나항공도 준다는데 아시아나항공을 '그냥 안 살게요', 할 수가 없는 겁니다. 만약 중간에 포기하면 2020년 11월에 했던 '딜'이 깨지는 것이니까요.

2024년 3월 기준으로 조원태 회장의 지분은 5.7%밖에 안 되고요. 어머니 이명희 씨 등 지분을 다 긁어모아도 18% 정도입니다. 여기에 조원태 회장의 편을 들어준 산업은행이 10%가량 들고 있고, 국민연금까지 정부 지분으로 분류한다면 15%가 넘어가요. 그런데 산업은행과 정부가 돌아서면 조원태 회장의 경영권이 불안해질 수 있어요. 지분을 14% 넘게 보유한 델타에어, 11% 보유한 호반건설도 있는데, 이들은 상황에 따라 입장이 바뀔 수도 있고요.

만약 대한항공 입장에서 아시아나항공을 가져갈 게 아니라면, 이런 식으로 공중분해시키는 것도 나쁠 건 없어요. 아시아나를 인수하나, 공중분해시키나 대한항공이 독점하는 건 비슷하죠. 제주항공, 이스타항공 이런 저가 항공은 대한항공

한진칼 지분 구성

(단위: %)

- 조원태 회장 등 18.7
- 델타에어 14.9
- 호반건설 등 11.6
- 산업은행 10.5
- 팬오션 5.8
- 국민연금 5.4
- 기타 33.1

*자료: 분기 보고서(2024년 3월 기준)

과 체급이 안 맞고요. 한국에서 사실상 유일한 경쟁자가 아시아나뿐인데, 남이 가져가는 최악의 시나리오를 어쨌든 막는 데 성공한 것이죠. 이렇게 다 분해해놓으면, 나중에 다시 팔려고 산업은행이 내놓아도 살 곳이 없을 겁니다.

하지만 중요한 의문이 남습니다. 대한항공과 아시아나가 합쳐지면 소비자에게는 과연 좋을까요. 당연히 안 좋습니다. 시장 경제가 작동하고 경쟁이 생겨야 좋은 것이죠. 대한항공이 시장을 장악하면 경쟁은 약해질 것이고, 그럼 비행깃값은 오를 가능성이 큽니다. 물론 이걸 우려한 공정거래위원회가 2022년에 기업 결합 조건으로 가격을 맘대로 올리지 못한다는 조항을 넣었습니다. 하지만 항공권 가격은 일정하지 않거든요. 주가처럼 매일, 매시간 계속 바뀌니까 정가란 게 없어요. 한마디로 가격을 올려도 통제하기 어렵다는 겁니다.

마일리지도 문제인데요. 항공사 입장에서 마일리지는 다 부채로 잡히죠. 2023년 9월 말 기준으로 아시아나항공의 마일리지, 장부상 이연 수익이라고 하는데요. 약 9,500억 원이나 합니다. 대한항공이 아시아나의 마일리지만 떠안으면 1조 원 가까운 빚이 새로 생기는 셈이죠. 이걸 어떻게 해서든 줄이고 싶어 할 겁니다. 교환 비율을 대한항공 1대, 아시아나 0.8. 이런 식으로 할 수도 있어요.

결국 조원태 회장에겐 꽃놀이패가 쥐어진 셈인데요. 이 패를 어떻게 활용할지 함께 지켜봐야 할 것 같습니다.

6장

바이오

셀트리온
·
약이 아닌
희망을 팔다

한국 기업인 가운데 이 사람처럼 논쟁적인 인물이 있을까요. 창업 20년 만에 세계 부자 순위 200위 안에 들 만큼 '샐러리맨의 신화'라고 불립니다. 한편으론 말이 너무 앞선다, 실적을 부풀렸다, 심지어는 사기꾼이라고 주장하는 사람까지 있어요. 누군지 아시겠나요. 셀트리온의 창업주 서정진 회장입니다.

테슬라의 일론 머스크가 늘 화제를 몰고 다니는데요. 서정진 회장도 이에 뒤처지지 않았습니다. 테슬라와 일론 머스크를 사람들이 종교처럼 신봉한다고 해서 '테슬람(테슬라+이슬람)'이라는 말이 있죠. 이보다 앞서 셀트리온과 서정진 회장을 따르는 '셀천지(셀트리온+신천지)'가 있었습니다. 그만큼 사람들의 관심과 기대가 컸다는 건데요.

그런 서정진 회장이 2023년 3월 경영에 복귀합니다. 경영 일선에서 물러난 지 2년 만이었죠. 셀트리온 주요 계열사의 사내이사와 이사회 의장을 맡기로 했어요. 서정진 회장이 은퇴한지 모르는 분들도 있을 텐데요. 2021년에 경영 일선에서 물러났습니다. 그런데 이후 회사가 여러모로 위기 상황을 맞아요. 실적은 정체됐고, 주가는 바닥이고, 청사진도 안 보인다는 얘기가 나왔습니다. 복귀한 서정진 회장은 셀트리온을 어떤 회사로 만들고 싶은 걸까요.

셀트리온은 국내 제약·바이오 기업 중에서 삼성바이오로직스 다음가는 두 번째로 큰 회사예요. 셀트리온은 2024년 4월 중순 기준 코스피 상장사 시총 상위 10위 안에 듭니다. 현대자동차, 기아, 네이버 등과 덩치가 엇비슷해요. 이렇게 큰 회사가 설립된 지 20여 년밖에 안 됐어요. 2000년에 서정진 회장이 세웠습니다.

서정진 회장은 창업 이전까진 잘 나가는 대기업 임원이었는데요. IMF 때 직장을 잃고 동료 6명과 시작한 게 셀트리온입니다. 바이오 사업을 선택한 건 이 분야를 잘 알아서가 아니라, 바이오산업이 유망하다는 신문 기사를 우연히 봤기 때문인데요. 세계 시장 규모가 1,000조 원이 넘으니까 경제력으로 10등 하는 한국이 100조 원은 해야 한다고 생각했답니다.

대단한 기업의 만만한 성공 스토리

당시에는 100조 원은 고사하고 1조 원 매출 올리는 제약사도 없었죠. '그렇다면 내가 한번 해보자' 하고 나선 겁니다.

이 대목에서 에코프로를 세운 이동채 회장의 창업 스토리가 생각나는데요. 이동채 회장도 비슷한 시기에 잡지를 읽다가 서정진 회장과 비슷한 생각으로 사업을 시작했잖아요. 훗날 이 책을 읽다가 창업 아이디어나 투자 아이디어가 떠올라서 '대박'나는 분도 있으면 좋겠습니다.

어쨌든 셀트리온은 창업 2년 만에 가시적인 성과를 냅니다. 미국 제약사 백스젠이란 곳으로부터 에이즈 백신 생산 계약을 따냅니다. 백스젠이 백신을 개발하면, 이걸 셀트리온이 인천 송도에서 생산한다는 것이었어요. 근데 이 계획은 어긋나요. 셀트리온이 송도 공장을 거의 다 지은 시점에 백스젠의 에이즈 백신이 임상 실험에서 실패합니다. 임상 실험이 다 끝난 뒤에 백신을 승인받고 계약한 게 아니라, 임상 승인을 전제로 계약한 게 문제였어요.

'이런 계약을 대체 왜 했냐'라는 의문이 들 수 있습니다. 하지만 잘 생각해보면 어떤 제약사가 신생 바이오 기업에 덜컥 주문을 주겠어요. 임상 실험이 불확실해서 기존 바이오 기업들이 위탁 생산(CMO)을 꺼리니까 백스젠이 셀트리온과 계약한 것이겠죠. 백스젠의 임상 실패로 셀트리온은 엄청난 곤경에 빠집니다. 신생 기업이었던 셀트리온은 백스젠 계약을 근거로 투자자들로부터 돈을 모아 공장을 지었는데요. 공장을 돌리지도 못하고 망하게 생겼으니, 투자자들의 항의가 빗발쳤어요.

'투자받은 돈 토해내라', '빚 갚아라', '다른 계약이라도 따와라' 등등의 요구가 있었다고 해요. 서정진 회장은 너무 힘들어서 극단적인 선택까지 하려고 했대요. 차마 실행은 못 하고 어떻게 해서든 버티고 버티다가 2005년에 공장을 간신히 다 지어요. 그런데 기적 같은 일이 벌어집니다. 공장을 지은 지 3개월 만에 글로벌 제약사 BMS(브리스톨-마이어스 스큅)란 곳에서 류머티즘 관절염 치료제 위탁 생산 계약을 따냅니다. 정말 간신히 살았죠.

BMS 수주 계약은 순조롭게 진행됐어요. 공장도 비교적 자리를 잡고요. 하지만 서정진 회장은 남의 약만 만들어줄 게 아니라 약을 직접 개발해서 만들면 훨씬 이득일 거라고 생각해요. 그래서 시작한 게 셀트리온의 주력 사업이 된 '바이오시밀러'였어요.

바이오시밀러는 바이오 의약품의 한 종류인데 일반적인 합성 의약품과는 다릅니다. 우리가 흔히 먹는 감기약 같은 게 합성 의약품인데요. 이건 공장에서 그냥 찍어냅니다. 반면에 바이오 의약품은 대장균, 효모, 동물세포 같은 살아 있는 세포주가 있어야 만들 수 있어요. 이 세포주에 필요한 DNA를 넣어주면 단백질을 합성하거든요. 이 단백질만 모아서 약으로 만들어낸 게 바이오 의약품이에요. 단백질 의약품이라고도 합니다.

기존 합성 의약품보다 당연히 생산 비용이 높을 수밖에 없겠죠. 생명체가 만든 거니까 균일하게 만들어내기도 어렵고요. 그만큼 비싸게 가격을 받을 수 있는 건 장점이겠죠. 바이오 의약품을 주로 쓰는 질환이 류머티즘 관절염, 당뇨, 암 등인데요. 난치성이라 환자가 꾸준히 계속 구매해야 하죠. 비싸게 팔 수 있고, 한번 팔면 오래 팔 수 있어서 환자 입장에선 최악인데 회사 입장에선 너무나 좋은 사업입니다.

그런데 셀트리온이 무슨 재주가 있어서 갑자기 새로운 약을 만들었겠어요. 우선은 특허가 끝난 것을 '비슷하게' 만드는 일부터 해요. '똑같이' 만드는 건 불가능합니다. 살아 있는 세포주를 통해 만드는 약이라 특성 분석이 어렵고 배양 조건이 민감해 똑같은 결과물이 나오기 어렵기 때문이에요. 그래서 효능이 어느 정도 비슷하고 안전성이 검증되면 이 시장에서는 승인해줍니다. 그래서 바이오'시밀러'라고 부르는 건데요. 오리지널 약과 효능은 비슷한데 조금 싸게 시장에 내놓는 전략을 셀트리온은 구사해요.

2013년 처음 내놓은 게 류머티즘 관절염 치료제 '램시마'였어요. 세계 최초의 바이오시밀러이기도 했습니다. 이 약은 나오자마자 유럽과 미국에서 굉장히 잘 팔렸어요. 미국 J&J(존슨앤드존슨)이 개발한 '레미케이드'라는 약이 오리지널인데요. 램시마가 가격은 훨씬 저렴한데 효능은 큰 차이가 없었거든요. 셀트리온에 연간 매출 1조 원을 올려주는 '블록버스터'가 됩니다. 또 항암제와 자가면역 치료제로 쓰이는 '트룩시마', 유방암과 위암 치료제인 '허쥬마'도 매년 수천억 원씩 벌어다 줍니다.

주식 투자하는 분 중에 종종 셀트리온과 삼성바이오로직스를 비교하는데 두 회사는 사업 성격이 달라요. 바이오 의약품 사업이란 것은 같은데 삼성바이오로직스는 바이오시밀러보다는 다른 제약사들이 개발한 약을 대신 만들어만 주는 위탁 생산에 주력하고 있어요. 자회사 삼성바이오에피스가 바이오시밀러 사업을 하고 있어 여기서 개발한 것도 만들어주긴 하는데요. 비중은 작죠. 반도체로 치면 남들이 설계한 반도체를 만들어주기만 하는 파운드리 기업 TSMC와 비슷한 것을 삼성바이오로직스가 하는 겁니다.

셀트리온은 위탁 생산 비중이 미미합니다. 자신들이 직접 개발한 바이오시밀러를 주로 생산해요. 남들 것도 만들어줄 수는 있는데, 남들이 자기 기술 다 보여주면서까지 경쟁사인 셀트리온에 맡기려 하지 않아요. 이것도 반도체와 비슷하죠. 삼성전자가 반도체를 아무리 잘 만들어도 애플 같은 회사가 주문을 안 주잖아요. 삼성전자가 애플 반도체 설계를 참조해서 더 좋은 스마트폰과 컴퓨터를 만들 염려가 있으니까요. 아주 작은 차이로 수조 원, 수십조 원이 왔다 갔다 하는 대규모 사업에선 작은 위험도 아주 크게 봅니다. 그래서 시장이 클수록 다 먹겠다고 덤볐다가, 하나도 제대로 못 먹는 경우가 있어요. 다시 말해 바이오 시장에선 삼성바이오로직스가 삼성전자가 아닌 TSMC 사업 모델을 따르고 있고, 셀트리온은 삼성전자 모델을 따르고 있는 겁니다.

셀트리온은 2023년 기준 매출 2조 1,000억 원 선, 영업이익 약 6,500억 원의 실적을 기록했어요. 영업이익률이 30%에 육박해요. 이런 사업을 흔히 '알짜'라고 합니다. 그런데 셀트리온은 스스로 '위기'라고 진단했어요. 성장을 못 했기 때문인데요. 이전 해인 2022년과 매출, 영업이익이 엇비슷했어요. 셀트리온처럼 성장하는 회사는 '성장기 어린이'처럼 쑥쑥 커야 합니다. 셀트리온이 현대자동차 같은 글로벌 대기업과 주식시장에서 비슷한 '대우'를 받는 건 폭발적인 성장 잠재력 때문인데요. 성장을 못 하면 대우도 달라져야 해요.

서정진 회장도 그렇게 보고 있어요. 2019년에 '2030 비전'이란 것을 발표했는데, 2030년까지 매출 목표가 30조 원이었어요. 글로벌 제약사 화이자를 넘겠다는 말까지 했을 정도예요. 갈 길이 먼데 벌써부터 성장 정체기를 맞으면, 30조 원은 대체 언제 달성하나요. 성장세가 생각보다 더뎌서 답답한 상황이 되니까 주주들이 나섰어요. 계열사를 합병하라고 요구합니다.

아마 맥락을 모르면 이 요구가 조금 어리둥절할 거예요. 상황은 이렇습니다. 셀트리온이 약을 개발해서 생산하면, 과거엔 셀트리온헬스케어가 가져가서 팔았어요. 자기가 직접 팔아도 됐지만, 굳이 회사를 하나 더 세워 이곳을 통해 팔게 한 것이었죠. 이것 때문에 10여 년간 분식회계 논란에 시달립니다. 셀트리온헬스케어가 약을 산 뒤에 팔지 못하고 창고에 잔뜩 쌓아만 두고 있어도 장부상으로는 셀트리온이 돈을 많이 버는 것처럼 보이거든요.

셀트리온이 그냥 팔면 되는데, 이걸 헬스케어를 한 번 더 거치니까 판매 수수료도 떼줘야 해요. 또 매출도 부풀려지겠죠. 한 약을 갖고 두 회사에서 매출을 잡으니까요. 셀트리온이 1,000원에 약을 넘기면, 헬스케어가 이걸 1,500원에 팔아요. 그럼 두 회사의 매출이 총 2,500원이 되는 건데 사실 매출은 1,500원이 맞죠. 어차피 한 약이고, 같은 회사니까요.

과거에는 서정진 회장이 셀트리온 지분과 헬스케어 지분을 따로 가지고 있어서 논란이 더 컸습니다. '헬스케어를 통해서 오너가 일종의 통행세를 받은 것 아니냐' 하는 의혹이 계속 제기됐어요. 그래서 서정진 회장은 지주회사 셀트리온홀딩스를 세워서 셀트리온과 셀트리온헬스케어를 지배하게 했습니다. 이러면 연결 실적으로 다 잡히니까 분식회계 논란은 종식됩니다. 금융당국도 2022년에 130억 원 과징금 처분으로 이 문제를 종결했어요.

그런데도 두 회사를 합치라는 게 주주들 요구였어요. 또 이왕 합치는 것 셀트리온의 자회사로 있는 셀트리온제약까지 다 합치라고 했거요. 한국 투자자들은 쪼개기 상장을 제일 싫어하거든요. 약이 잘 팔리면 셀트리온이 좋은 건지, 헬스케어가 좋은 건지 조금 헷갈리잖아요. 다 합쳐서 하나의 회사로 평가받으라는 게 요즘 추세이기도 합니다.

그래서 서정진 회장이 셀트리온과 셀트리온헬스케어를 합치기로 결단을 내렸어요. 2023년 12월에 합병 법인이 탄생합니다. 그런데 이걸 하든 안 하든 '대세'에는 지장이 없어요. 중요한 건 셀트리온이 개발한 약이 많이 팔리는 겁니다. 셀트리온의 간판 제품인 램시마를 더 잘 팔 수 있게 하거나, 램시마에 버금가는 새로운 약이 있어야 성장을 하겠죠. 이걸 하기 위해서 서정진 회장도 복귀한 것이고요.

전 세계 매출 1위 의약품이 뭔지 아시나요. 코로나19 때문에 화이자, 모더나의 백신이 잠시 1등을 하긴 했는데, 원래는 미국 제약사 애브비가 개발한 자가면역질환 치료제 '휴미라'입니다. 류머티즘, 궤양성 대장염, 건선 등의 치료에 쓰여요. 이 약은 연간 매출이 약 25조 원이나 하죠. 근데 미국 특허가 2023년에 풀렸습니다. 미국에서만 매출이 21조 원이나 해요. 10%만 가져와도 2조 원이죠. 이 때문에 지금 글로벌 제약업계가 난리가 났어요. 미국의 화이자, 암젠, 오가논, 독일의 베링거인겔하임, 이스라엘의 테바 등등 쟁쟁한 기업들이 휴미라의 바이오시밀러 개발에 다 뛰어들었어요.

셀트리온도 빠질 수 없죠. 셀트리온의 휴미라 바이오시밀러 이름이 '유플라이마'인데, 이거 하나만 잘 뚫어도 매출이 조 단위가 될 수 있어요. 물론 경쟁이 너무 치열해지면 시장을 장악하기 어려울 수 있는데요. 램시마도 애초에 개발할 땐 유럽, 미국에 판매하는 게 불가능하다고 본 사람들이 많았어요.

하지만 서정진 회장이 램시마를 직접 들고 유럽의 병원들을 돌면서 직접 설명하고 의사들을 설득했어요. 이 과정을 통해서 램시마가 블록버스터 약이 됐어요. 한 번 했는데, 두 번은 못 할까요. 셀트리온은 미국에서 승부하기 위해 현지 판매망을 직접 갖췄어요. 다른 제약사를 통하면 수수료 20~30%를 줘야 하는데, 이거도 아깝다는 거죠.

또 램시마도 미국에서 팔아야 해요. 기존에 정맥 주사 형태로 맞아야 했던 램시마를 허벅지 같은 곳에 푹 찔러서 환자 스스로 맞게 한 램시마SC의 미국 판매에 나섰습니다. 오리지널 약인 레미케이드에도 없는 형태여서 아예 신약으로 팔기로 했습니다. 미국에서의 이름은 '짐펜트라'로 정했어요.

유럽에선 램시마SC의 점유율이 2023년 말 기준 20%를 넘겼어요. 연간 수천억 원씩 팔립니다. 미국에서도 단기간에 유럽 수준의 점유율을 가져갈 수 있다고 업계에선 보는 것 같아요. 미국에서 짐펜트라가 대박을 터뜨릴 수 있다는 기대감이 있어요. 회사 측은 짐펜트라 매출을 연간 5조 원까지 보고 있습니다.

이 밖에도 셀트리온은 2025년 이후 바이오시밀러 다섯 가지를 새로 내놓을 예정입니다. 자가면역 질환 치료제 '스텔라'와 '악템라', 황반변성 치료제 '아일리아', 천식과 두드러기 치료제 '졸레어', 골다공증 치료제 '프롤리아'의 바이오시밀러 등입니다. 다발성경화증 치료제 '오크레부스', 건선 치료제 '코센틱스'도 있고요.

셀트리온은 2030년 매출 목표치를 12조 원으로 수정했는데요. 사실 이것도 달성하는 게 쉽진 않을 겁니다. 이런 자신감의 배경엔 대규모 투자가 있어요. 셀트리온은 매출의 15~20%에 해당하는 3,000억~4,000억 원을 매년 연구·개발 비용으로 썼어요. 이 정도로 연구·개발에 진심인 회사가 얼마나 있을까 싶습니다. 미래를 위해 정말 큰돈을 쓰고 있어요. 사실 서정진 회장과 셀트리온은 늘 '미래'와 '희망'을 얘기했죠. 이 희망 때문에 사람들이 욕하기도 하고 사기꾼으로 매도

하기도 했지만, 그 희망 덕분에 셀트리온이 여기까지 온 게 아닌가 싶습니다.

실은 셀트리온이 지금까지 판 것은 약이 아니라 '희망'이었는지도 모르겠습니다. 약값을 지불하는 환자들에게는 오리지널보다 훨씬 싸게 약을 제공했고, 투자금을 댄 주주들에게는 주가 상승으로 보답했죠. 서정진 회장이 또 어떤 희망을 말할지 눈여겨보시죠.

먹으면서 살 빼는 약, 한국서도 나올 수 있을까?

노보 노디스크란 덴마크의 제약사가 2023년 8월 유럽 증시에서 시가총액 1위에 오르는 일이 있었어요. 루이뷔통으로 유명한 세계 최대 명품 기업 LVMH가 오랜 기간 1위였는데, LVMH를 이긴 겁니다. 이게 끝이 아니었어요. 이듬해인 2024년 3월엔 테슬라마저 넘겼습니다. 이 당시 시가총액이 6,000억 달러(약 820조 원)에 이르렀죠. 덴마크의 GDP(국내총생산)가 4,000억 달러(2022년 기준)를 조금 웃도는 수준인데요. 기업 하나가 국가 GDP보다 훨씬 커진 겁니다. 물론 주가란 게 오르기도 하고 내리기도 합니다만 비슷한 사례를 찾긴 어려워요.

노보 노디스크는 갑자기 뜬 회사입니다. 비만 치료제 '위고비'와 '삭센다'로 대박을 터뜨렸어요. 특히 위고비는 없어서 못 팔 정도로 전 세계적으로 엄청난 인기를 끌고 있는데요. 일론 머스크도 위고비로 살을 뺐다고 털어놨죠. 이 회사 매출의 약 90%가 비만 치료제에서 나오니까, 약 한두 개만 대박이 터져도 1등 기업 할 수 있는 겁니다.

이런 대박 신약은 먼 나라 얘기 같지만, 한국도 가능성이 아예 없는 건 아닙니다. 제2, 제3의 노보 노디스크를 꿈꾸는 회사들이 여럿 있습니다. 실제로 조금씩 성과를 내고 있고요. 만약에 한국에서 대박 신약을 개발한다면, 이 회사가 유력한 후보가 될 것 같은데요. 개발 중인 신약 후보만 30여 개에 달하는 신약에 진심인 기업, 한미약품입니다.

한미약품은 중앙대학교 약대를 나온 임성기 회장이 1973년에 세운 회사입니다. 이분이 창업 이전에 약국을 했는데요. 약국 이름이 본인 이름을 딴 '임성기약국'이었죠. 판매하는 약도 본인 이름에서 영감을 얻어서 주로 성병 치료제를 팔았다고 해요. 약국을 할 때부터 사업 수완이 좋았습니다. 성병 환자가 약국에 들어오면 별도 공간에서 상담해주고, 또 약국에 가는 것조차 꺼림칙하게 여겼던 사람들을 위해서 전화 주문도 받아줬습니다. 성병을 굉장히 창피하게 생각했던 시절이었거든요.

이런 식으로 성병에 특화된 약국이란 입소문이 전국에

나면서 임성기약국은 자리를 잡고 돈도 많이 법니다. 제약사를 설립한 것도 약국 성공 이후에 사업을 확장하기 위해서였어요. 남의 약만 팔 게 아니라, 내 약을 팔아보자 했던 겁니다. 첫 제품이 'TS산'이었는데요. 이게 복합 항생제인데 성병뿐만 아니라 방광염, 기관지염 같은 질환에 많이 처방됐습니다. TS산은 개발하자마자 엄청나게 팔렸어요. 한미약품은 창업 5년 만인 1978년에 매출 5억 원을 넘겼어요. 1986년에는 연구센터를 세웠고, 1988년에 상장도 했습니다.

임성기 회장은 사업 초기부터 남의 약이 아니라, 우리가 개발한 약을 만들어야 한다고 생각했습니다. 매출이 나오는 족족 먼저 연구·개발에 돈을 썼어요. 특히 최근 들어 연구·개발비를 급격하게 늘렸어요. 한미약품의 연구·개발비는 2013년에 1,000억 원을 처음 넘겼고, 2019년에는 2,000억 원 이상을 쓰기도 했습니다. 매출이 1조 원 안팎인 회사가 매출의 20%가량을 연구비로 쓰는 것은 대단한 결정입니다. 경영자의 강력한 의지 없이는 불가능하죠.

임성기 회장은 생전에 연구·개발에 '집착'이란 단어가 어울릴 정도로 대단히 진심이었습니다. "연구·개발은 나의 신앙이고, 목숨이다"라고까지 했어요. 그만큼 신약을 개발하고자 하는 의지가 굉장히 강했다고 봐야겠죠. 그렇다고 한미약품이 J&J, 화이자 같은 글로벌 제약사처럼 약 하나 개발하는 데

한미약품의 R&D 비용

■ 연구개발비 ● 연구개발비가 매출에서 차지하는 비중 　　*자료: 사업보고서

(백만 원) / (%)

2013: 115587, 15.8
2014: 152517, 20.0
2015: 187159, 14.2
2016: 187159, 18.4
2017: 170613, 18.6
2018: 192883, 19.0
2019: 209779, 18.8
2020: 198652, 22.8
2021: 132490, 14.4
2022: 138635, 14.1
2023: 164887, 15.0

돈을 수천억 원씩 쓸 수는 없었고요. 단계적으로 밟아나갔어요. 1단계는 제네릭(복제약), 그러니까 특허가 끝난 약을 빠르게 카피해서 만드는 전략으로 갔습니다. 2단계는 개량 신약, 기존에 나온 약의 단점을 보완하거나 효능을 개선하는 식으로 개발했고요. 3단계에서 비로소 세상에 없는 신약을 개발하려고 합니다.

　한미약품은 현재 기존 약을 카피하거나 개량해서 매출을 주로 내고요. 여기서 번 돈을 3단계인 신약 개발에 투입하고 있어요. 한미약품의 매출 상위 약을 보면 고지혈증 치료제 '로수젯', 복합고혈압 치료제 '아모잘탄', 역류성식도염 치료제 '에소메졸', 전립선비대증 치료제 '한미탐스', 발기부전 치료제 '팔팔정' 등인데요. 전부 제네릭이나 개량 신약입니다. 3단계 신약 개발에서도 돈은 법니다. 10여 년 전부터 큰 성과를 내고 있어요. 신약을 어느 정도까지만 개발한 후, 가능성이 보이면 글로벌 제약사에 기술을 팔고, 로열티를 받는 식으로 라이센스 아웃(기술 수출)을 한 겁니다.

2011년 '오라스커버리' 기술 수출을 시작으로 지금까지 무려 11건의 라이선스 아웃 계약을 했어요. 특히 2015년에는 총 계약 금액이 8조 원에 이르는 5건의 기술 수출에 성공하며 대박을 터뜨리게 되죠. 이 기술을 가져간 제약사들이 임상 3상에 성공해서 판매까지 하면, 한미약품은 계약금 이외에 기술료와 로열티까지 받게 됩니다.

그런데 문제가 발생합니다. 라이선스 아웃 계약이 중도에 틀어지거나, 기술을 포기하는 일이 일어나요. 한미약품의 신약 기술을 가져간 제약사들이 줄줄이 권리를 반환하죠. 특히 프랑스 제약사 사노피가 가져간 기술인 지속형 인슐린과 당뇨병 치료제 '에페글레나타이드'의 실패가 뼈아팠습니다. 계약 금액이 39억 유로, 약 5조 5,000억 원에 달하는 초대형 프로젝트였거든요. 상업화가 충분히 가능할 것으로 많이들 봤는데 실패합니다. 여기에 더해 베링거인겔하임이 폐암 치료제 '올무티닙'의 임상 3상을 중단하고 한미약품과 계약을 해지하면서 충격을 줬습니다.

이러한 내용을 알리는 방식에도 문제가 있었는데요. 베

링거인겔하임과 계약 해지 사실을 알리기 직전에 1조 원 규모의 표적 항암제 기술 수출 내용을 공시한 겁니다. 큰 악재를 호재성 공시로 물타기 해서 덮으려 했다고 의심받았어요. 실제로 이 일로 한미약품은 검찰로부터 압수수색을 받기도 했습니다. 이런 우여곡절을 여러 번 거치면서 한미약품이 그동안 해온 기술 수출과 연구·개발비 투자에 대한 회의적인 시각이 커집니다.

물론 전부 실패한 것은 아닙니다. 2012년 스펙트럼이 사 간 호중구 감소증 치료제 '롤론티스', 미국에선 '롤베돈'이라고 불리는데요. 이게 계약 10여 년 만인 2022년 9월 미국 FDA(식품의약국)의 허가를 받고 미국에서 판매되기 시작한 겁니다. '호중구 감소증'은 주로 암 환자가 항암제 치료를 할 때 나타나는 일종의 부작용입니다. 체내 호중구가 감소하면 면역력이 크게 떨어져서 다른 질병에 취약해지거든요. 이걸 개선하는 약이에요.

현재 이 시장은 암젠의 '뉴라스타'가 장악하고 있는데, 롤론티스는 약효 시간이 뉴라스타에 비해 더 길다는 점을 내세우고 있습니다. 이 약이 2023년에만 5,560만 달러(약 730억 원)의 매출을 올려줬고요. 회사 측은 연간 1억 달러 매출이 가능하다고 보고 있어요. 한미약품이 매출의 5%를 로열티로 받는다고 가정할 때, 앞으로 10년간 약 1,000억 원가량이 유입될 것이란 계산이 나와요.

한미약품이 롤론티스보다 더 크게 기대하는 게 있습니다. NASH(비알코올성 지방간염) 치료제 개발인데요. 미국의 다국적 제약회사 MSD가 한미약품의 기술을 받아서 개발 중인 '에피노페그듀타이드'가 임상 2상을 진행하고 있습니다. NASH는 술을 마시지 않은 사람조차 간에 지방이 쌓여 염증이 생기는 질환인데요. 전 세계적으로 환자가 급증하고 있습니다. 그런데 치료제가 없어서 신약만 개발되면 '잭팟'이란 말이 나오고 있어요. 지금까지 나온 임상 결과는 굉장히 좋았어요. 상업화하기까진 앞으로 꽤 긴 시간이 걸리겠지만, 성공만 한다면 전 세계 제약 판도를 바꿀 만큼 엄청난 파장이 있을 수 있습니다.

사실 이 신약 후보 물질은 우여곡절이 많았어요. 원래는 한미약품이 얀센에 2015년 기술 수출을 했던 것이고, 대상도 NASH가 아니라 비만, 당뇨 치료제 개발을 위한 것이었습니다. 하지만 얀센이 2019년 계약을 중도에 해지하는 바람에 한미약품이 다시 이 기술을 활용할 회사를 찾았는데요. 이때 나타난 게 바로 MSD입니다. 한미약품은 MSD와 총 8억 7,000만 달러, 약 1조 1,000억 원에 계약해서 우선 계약금으로 1,000만 달러를 받았고요. 상용화에 성공하면 나머지 금액도 차례대로 받게 됩니다.

이런 게 하나 더 있어요. 앞서 언급했던 사노피가 당뇨병 치료제로 개발하려다가 포기한 '에페글레나타이드'입니다. 한미약품은 사노피가 진행한 임상 3상 결과에서 비만 치료제로서의 가능성을 확인하고, 현재 자체적으로 개발하고 있는데요. 당뇨병 임상 3상에선 5% 수준의 체중 감소 효과를 보였다고 해요. 그런데 이땐 비만 치료제 목적이 아니었기 때문에 식단과 운동을 철저하게 통제한 다른 비만 약과는 달랐어요. 전문가들은 비만 치료제 목적으로 임상을 다시 진행한다면, 체중 감소 효과가 5%보다는 훨씬 클 것으로 보고 있습니다.

비만 치료제 시장은 덴마크의 노보 노디스크가 장악하고 있는데, 약의 수요는 너무 많고 공급은 적어서 글로벌 제약사들이 일제히 뛰어든 영역이죠. 특히 일라이릴리가 2023년 11월에 FDA 승인을 받은 '젭바운드'의 경우 체중 감소 효과가 뛰어나고, 가격도 노보 노디스크의 위고비에 비해 20%가량 저렴해 엄청난 돌풍을 일으켰어요. 미국 약국에서 품절 대란을 빚고 있습니다.

여기에 맞서 노보 노디스크는 주사제인 위고비를 먹는 약 형태로 바꿔서 출시하려고 합니다. 주사로 맞는 것보다는 먹는 약이 훨씬 부담이 덜해서 판매가 잘 될 테니까요. '아미크레틴'이란 이름으로 내놓을 계획입니다. 임상 실험 결과도 상당히 좋아요. 노보 노디스크가 2024년 3월에 초기 임상 1상

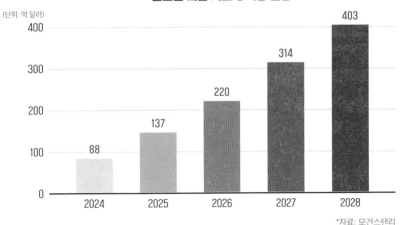

글로벌 비만 치료제 시장 전망

(단위: 억 달러)

- 2024: 88
- 2025: 137
- 2026: 220
- 2027: 314
- 2028: 403

*자료: 모건스탠리

결과를 발표했는데요. 3개월 만에 체중이 평균 13%가량 빠지는 것으로 효과가 나타났어요. 위고비보다 효과가 더 빠르게 나타났다고 합니다. 또 암젠이나 화이자 같은 글로벌 제약사들도 비만 치료제 개발에 나서고 있어서, 조만간 비만 치료제가 쏟아져나올지도 모릅니다.

그럼에도 불구하고 비만 치료제 시장이 전 세계적으로 급성장하고 있어서 개발만 가능하다면 매출은 많이 나올 수 있어요. 세계 비만 치료제 시장은 2020년 30억 달러에서 2023년 60억 달러로 2배나 커졌고요. 2028년엔 403억 달러까지 성장할 것이란 전망이 나오고 있어요. 단 1%만 이 시장을 가져간다고 해도 2028년 5,500억 원 이상의 매출을 낼 수 있다는 계산이 나옵니다.

　한미약품은 임성기 회장 사후에 가족 간 분쟁이 생겼는데요. 임성기 회장의 부인인 송영숙 회장과 장녀 임주현 부회장이 OCI그룹과 회사를 합치려고 했고, 이에 맞서 장남 임종윤 씨와 차남 임종훈 씨가 사모펀드와 손잡고 싸웠죠. 2024년 3월 주주총회 결과 OCI와의 통합은 무산됐습니다. 한미약품은 앞으로 어떤 길을 걷게 될까요. 어떤 길을 가더라도 과거 임성기 회장이 가려고 했던 길, 신약 개발의 꿈을 잃지 않길 기대해봅니다.

7장

석유화학

금호석유화학

망한 줄 알았던 금호그룹에
'금덩이' 있었다

옛날에 금호그룹이라고 있었어요. "뭔 소리야, 금호그룹 아직 있잖아. 금호타이어도 있고, 금호리조트도 있고, '금호' 들어가는 회사가 얼마나 많아!"라고 하실 줄 알았습니다. 사실 우리가 아는 금호그룹, 정확히 금호아시아나그룹은 해체됐어요. 그룹의 핵심인 아시아나항공은 대한항공에 넘어갔고, 금호타이어는 중국 회사가 인수했죠. 현재 금호그룹이라 할 수 있는 것은 금호고속, 금호건설 정도입니다. 그룹이라고 부르기도 좀 민망하죠. 불이 나서 다 타고 가재도구만 몇 개 챙긴 수준입니다. 그런데 금호그룹에 '알짜'가 하나 남아 있었어요. 잿더미를 뒤졌더니 금고에 금덩이가 있는 거죠. 그 금덩이가 바로 금호석유화학입니다.

금호석유화학, 들어는 본 것 같은데 "이게 무슨 금덩이씩이나 돼!"라고 하실 수도 있죠. 이 회사는 고무나 플라스틱 원료 등을 만드는데요. 2021년에 영업이익 2조 원을 넘겼습니다. 한국 기업 중에 연간 영업이익 1조 원 이상인 곳이 그해 기준으로 채 50곳이 안 됐던 것을 고려하면 '금덩이' 맞습니다. 잘하면 이 금덩이로 불탄 집도 다시 지을 수 있을 것 같아요. 과연 금호석유는 금호그룹 재건의 발판을 마련할 수 있을까요.

금호석유화학은 금호그룹 창업주인 박인천 회장의 넷째 아들, 박찬구 명예회장과 그의 아들 박준경 사장이 이끄는 회사입니다. 금호그룹 창업주인 박인천 회장은 아들이 5명 있었는데요. 박인천 회장 사후에 첫째인 박성용 회장, 그리고 차남인 박정구 회장, 삼남 박삼구 회장까지 사이좋게 돌아가며 회장직을 맡았어요. 형제간에 몇 가지 원칙이 있었다고 해요. 회장 정년은 65세로 하고, 회장 임기는 10년, 형제간 합의로 회장 추대 등등이요. 그런데, 셋째 박삼구 회장에서 넷째 박찬구 회장으로 총수 지위가 넘어가기 이전에 큰일들이 터집니다.

우선 형제간 갈등이 생겼어요. 금호아시아나가 2006년에 대우건설, 2008년에 대한통운을 잇달아 인수했는데요. 이때 쏟아부은 돈이 무려 10조 원에 달합니다. 대우건설은 건설 1위를 다퉜던 회사고, 대한통운은 부동의 물류 1위 기업이었어요. 이런 1등 기업을 사들여서 단숨에 10대 그룹에 들었어요. 다만, 문제가 하나 있었죠. 이 회사들을 사느라 남의 돈을 엄청나게 끌어다 쓴 겁니다. 덩치가 너무 커서 "먹다가 체한다"는 소리가 주변에서 터져 나왔죠. 그런데도 박삼구 회장은 밀어붙였습니다. 통이 큰 스타일이라고 해야 할까요. 선이 굵고 공격적이었어요.

그런데 동생인 박찬구 회장은 스타일이 전혀 달랐어요. 대학에서 통계학을 전공했는데요. 그래서 그런지 꼼꼼하고 세심했습니다. "먹다가 체한다"고 한 사람이 바로 박찬구 회장이었어요. "형님, 이건 아닙니다. 있는 거나 잘합시다"라고 만류합니다. 그룹을 키울 게 아니라 내실을 다져야 한다고 주장했어요. 물론 이 주장은 받아들여지지 않았어요. 오히려 형제간 사이만 나빠졌죠.

또 박삼구 회장이 형제 경영의 틀을 깨고 그룹을 동생이 아닌 아들에게 물려주고 싶어 한 것도 형제간 분쟁의 불씨가 됩니다. 돌아가는 판을 보니까 박찬구 회장이 본인만 손해 보는 분위기였던 것이죠. 그래서 승부수를 던집니다. 싸워서 이길 게 아니면 '플랜B'가 있어야죠. 본인은 화학 계열사만 가지고 나가겠다고 한 겁니다. 박찬구 회장이 금호석유 대표를 지냈거든요. 자기가 잘 아는 석유화학 계열사를 달라고 요구합니다. 그런데 형이 이것도 안 된다고 해요. 그래서 법정 공방

까지 하면서 싸우게 된 게 그 유명한 금호그룹의 '형제의 난'
입니다.

이렇게 싸우는 사이에 그룹은 완전히 망가졌어요. 2008년
에 글로벌 금융위기가 닥치고, 무리하게 사업을 키운 금호아
시아나는 결국 빚을 못 갚고 넘어집니다. 돈 못 갚으면 빚쟁이
들이 찾아와서 재산을 다 가져가잖아요. 여기서 빚쟁이는 채
권단, 즉 은행이에요. 대우건설과 대한통운을 인수한 지 몇 년
만에 다 토해내고, 이것도 모자라서 그룹의 핵심인 아시아나
항공마저 채권단 손에 들어갔어요. 그룹이 완전히 공중분해된
겁니다. 또 그룹의 총수인 박삼구 회장은 횡령·배임 등의 혐의
로 구속이 됐고요.

그럼 박삼구 회장과 갈라선 박찬구 회장은 어떻게 됐을
까요. 화학 계열사들을 가지고 나와서 2015년 말에 독립하는
데 성공했어요. 이미 형이 이끄는 금호아시아나그룹은 만신
창이가 됐으니 이거라도 지키겠다면서 각자의 길을 가죠. 결
과론적이지만 박삼구 회장은 '석유화학 계열사들이 그대로
있었으면 그룹 해체까진 안 됐다'는 입장이고요. 박찬구 회장
은 '석유화학을 이때 분리 안 했으면 형이 다 털어먹었을 것이
다'라는 취지의 주장을 합니다.

박찬구 회장의 금호석유는 이후에 큰 기회를 얻습니다.
그 기회는 코로나19였어요. 조금 역설적인데요. 코로나19로 전

NB라텍스 가격 추이

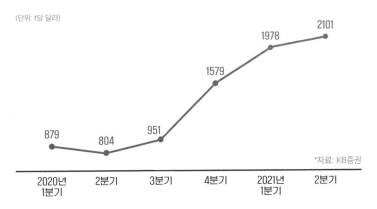

(단위: t당 달러)

2101

1978

1579

951

879

804

*자료: KB증권

| 2020년 1분기 | 2분기 | 3분기 | 4분기 | 2021년 1분기 | 2분기 |

세계가 고통 속에 신음할 때 갑자기 수요가 폭발한 산업이 있어요. 음식 배달, 온라인 쇼핑은 다 아실 테고요. 사람들이 이 산업은 잘 생각을 못 하는데 바로 라텍스 장갑입니다. 돌이켜 보면 코로나19 이전에 라텍스 장갑을 쓰는 사람이 그렇게 많진 않았어요. 그런데 코로나19가 터지고 병원이나 학교, 구내식당 같은 곳에서 장갑을 흔하게 볼 수 있게 됐습니다. 만지면 코로나19에 걸린다니까 사람들이 장갑부터 끼고 본 겁니다.

이 라텍스 장갑에 들어가는 소재를 금호석유가 잘 만들어요. NB라텍스라고 하는데요. 심지어 세계 시장 점유율이 약 30%에 달하는 글로벌 1등입니다. NB라텍스 산업의 호황은 가격만 보면 바로 알 수 있는데요. 코로나19가 터진 직후인 2020년 상반기에 톤당 800달러쯤 하던 것이 이듬해인 2021년

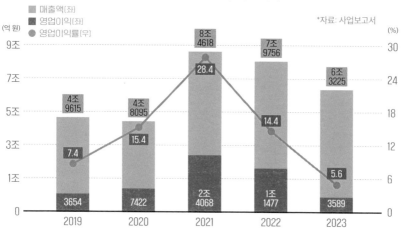

금호석유화학의 매출, 영업이익

■ 매출액(좌)
■ 영업이익(좌)
● 영업이익률(우)

*자료: 사업보고서

(억 원)

	2019	2020	2021	2022	2023
매출액	4조 9615	4조 8095	8조 4618	7조 9756	6조 3225
영업이익	3654	7422	2조 4068	1조 1477	3589
영업이익률	7.4	15.4	28.4	14.4	5.6

2분기 2,100달러를 넘어가요. 가격이 2.5배 껑충 뛰었죠. 부르는 게 값이란 말이 나올 정도였습니다.

이 덕분에 코로나19 이전인 2019년 이익을 3,600억 원가량 냈던 회사가 코로나19 이후인 2021년 2조 4,000억 원의 이익을 냅니다. 2년 새 이익이 6.5배나 폭증해요. 그전에는 영업이익률이 10%도 안 됐는데 28%까지 치솟아요. 100원짜리 팔면 28원이나 남았다는 얘깁니다. 이듬해인 2022년에는 2021년만큼 많이 벌진 못했지만, 그래도 이익이 1조 원을 넘겼으니, 정말 야무지게 장사를 잘했습니다.

이렇게 떼돈 벌면 하고 싶은 게 많았을 것 같아요. 제가 박찬구 회장이라면 형한테 복수하고 싶은 맘도 조금은 생길 것 같아요. 물리적인 복수가 아니라 가령 형이 가져갔었지만 지금은 남에게 넘어간 아시아나항공, 금호타이어 같은 회사부터 사 올 생각을 하지 않았을까요. 금호아시아나의 왕가를 재건하고 싶은 맘이 들었을 것도 같은데요. 그런데 박찬구 회장은 그렇게 하지 않습니다. 성격이 꼼꼼하다고 했잖아요. 바꿔 말하면 보수적이고, 모험을 하는 스타일은 아니었어요.

박찬구 회장은 기존에 하던 사업인 화학 공장을 더 키우는 데 번 돈을 주로 씁니다. 하던 거나 잘하자는 것이었죠. 금호아시아나그룹의 몰락을 지켜본 박찬구 회장으로서는 형과는 다르게 사업하고 싶었을 수 있어요. 기존에 장사가 잘되던 NB라텍스는 연 71만 톤 생산하던 것을 2024년 2분기에 95만 톤까지 늘렸고요. 100% 자회사인 금호피앤비화학, 금호미쓰이화학의 증설도 대대적으로 했어요.

이런 내부 투자 말고 인수한 게 하나 있긴 해요. 예전 금호아시아나그룹에 속해 있었던 금호리조트를 샀어요. 리조트와 골프장 아시아나CC를 가진 회사죠. 이것 때문에 주주들에게 눈총을 받기도 했어요. 연관 사업도 아닌데 왜 회삿돈을 낭비하냐는 지적이었죠. 그런데 이 리조트가 잘 될지 누가 알았겠어요. 2023년에 매출 1,000억 원을 넘겼고, 영업이익은 130억 원에 달했어요. 금호석유가 인수한 뒤에 금호리조트 4곳을 전부 뜯어고쳐서 시설을 좋게 했고요. 충남 아산에 추

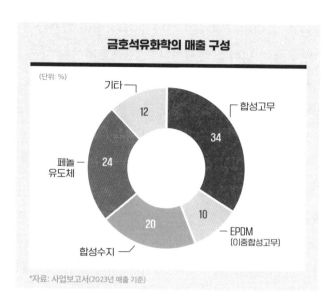

금호석유화학의 매출 구성

(단위: %)

- 합성고무 34
- EPDM (이중합성고무) 10
- 합성수지 20
- 페놀 유도체 24
- 기타 12

*자료: 사업보고서(2023년 매출 기준)

가로 열었던 글램핑장도 지역에서 '명소'가 됐습니다.

이렇게만 보면 금호석유가 고민이 없을 것 같은데요. 사실 고민이 무진장 많습니다. 우선 업황이 안 좋아요. 금호석유의 매출 구성 가운데 가장 큰 게 합성고무인데요. 2023년 매출 기준으로 34%나 하죠. 떼돈을 벌어다 준 NB라텍스도 합성고무에 속해요. 그런데 이 시장이 급격히 꺾였어요. 톤당 2,000달러가 넘었던 NB라텍스는 2024년 1분기까지 1,000달러 밑에서 회복이 안 되고 있어요. 요즘에 사람들이 코로나19를 신경 안 쓰잖아요. 마스크도 안 쓰는데, 장갑은 더 안 끼겠죠. NB라텍스 공장을 엄청나게 키워놨는데, 공장이 놀게 생겼습니다.

합성고무 사업의 또 다른 주력 제품인 SBR은 자동차 타이어 원료로 많이 씁니다. 사실 금호석유의 원래 사업이 금호타이어에 원료를 납품하는 것이었어요. 그런데 이 시장도 좋진 않아요. 물가 잡겠다고 세계 각국의 중앙은행들이 금리를 잔뜩 올려놔서 소비자들이 차를 사는 데 부담을 느끼고 있습니다. 차 살 때 할부나 캐피탈을 많이 쓰잖아요. 요즘 금리가 아무리 낮아도 5%, 높으면 10%를 넘어가요. 차가 잘 안 팔리면 타이어도 잘 안 팔릴 것이고, 그럼 타이어 소재 만드는 금호석유 같은 회사에 당연히 안 좋을 겁니다.

금호석유는 타이어뿐만 아니라 자동차에 들어가는 부품 소재를 많이 만들어요. 그래서 자동차 경기에 민감하죠. 자회사 금호폴리켐이 하는 EPDM이란 특수 합성고무가 있는데, 이것도 타이어 튜브나 호스 같은 데 쓰이죠. 회사 전체 매출에서 차지하는 비중이 10%로 작지 않아요.

또 매출 비중 20%를 차지하는 합성수지, 쉽게 말해 플라스틱 분야도 자동차 연관 산업이에요. 또 우리가 독극물로만 생각하는 페놀은 플라스틱이나 나일론, 세제 같은 제품에 필요한 물질인데요. 경기 침체가 오면 타격을 많이 받습니다. 금호석유의 페놀 매출 비중이 24%나 하니까, 이 시장도 엄청 중요해요. 페놀 수요가 줄고 가격도 내려가서 매출, 이익이 뚝뚝

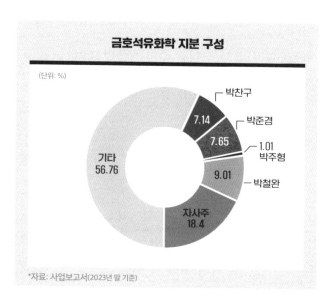

금호석유화학 지분 구성

(단위: %)

- 박찬구 7.14
- 박준경 7.65
- 박주형 1.01
- 박철완 9.01
- 자사주 18.4
- 기타 56.76

*자료: 사업보고서(2023년 말 기준)

감소하고 있습니다. 페놀 유도체 사업의 영업이익은 2021년에 1조 원을 넘겼는데, 2022년 3,000억 원 수준으로 확 감소했고, 2023년엔 이익을 사실상 못 내는 수준에 이릅니다.

또 하나 고민은 경영권 분쟁이죠. 박찬구 회장이 형하고 싸운 뒤에 금호석유를 가지고 나온 거라 지분 구조가 취약해요. 2023년 말 기준으로 박찬구 회장의 지분은 7%를 조금 넘는 수준이고, 아들 박준경 사장의 지분은 7.65% 정도예요. 여기에 딸 박주형 부사장 지분이 1% 수준입니다. 다 더해도 16%밖에 안 되죠. 그런데 한 명이 더 있습니다. 박찬구 회장의 둘째 형이 박정구 회장이라고 했잖아요. 그의 막내아들 박철완

전 상무가 9%나 들고 있습니다.

　박철완 전 상무는 하버드대학교 경영대학원을 나와서 보스턴컨설팅그룹에서 근무한 수재인데요. 2011년 금호석유에 들어온 뒤에 형제의 난을 지켜보고, 현재 숙부인 박찬구 회장과 사이가 틀어져 있습니다. 박철완 전 상무는 2021년에 회사에서 나간 이후 매년 주주제안을 하면서 회사 경영이 잘못됐다고 비판하고 있죠. 언론에선 '조카의 난'이라고 불렀어요.

　박찬구 회장의 지분이 취약하다 보니까, 금호석유는 주주 정책에 상당한 신경을 씁니다. 다른 주주들, 특히 기관투자가들이 박찬구 회장을 지지하도록 해야 하니까요. 기관이 좋아하는 배당 확대, 자사주 매입 등을 엄청나게 합니다. 금호석유의 연말 배당액이 2017년에는 한 주에 800원 정도 했는데요. 2021년에는 1만 원을 넘어갔어요. 이때는 코로나19로 인해 조금 비정상적으로 이익을 많이 냈을 때이니, 예외로 둔다고 해도요. 2023년엔 이익이 급감했는데도 배당을 3,000원 가까이 줬어요.

　또 자사주를 18% 넘게 보유하고 있었는데, 이 가운데 절반에 해당하는 주식을 2026년까지 소각하기로 했어요. 자사주 소각은 자사주를 없앤다는 의미죠. 주식이란 게 회사의 지분이잖아요. 주식 수가 줄어들면, 기존에 주식을 보유하고 있는 사람 입장에선 자기 지분이 가만히 앉아서 올라가는 효과가 있어요. 그러니까 자사주 소각 비율만큼 주주 이익은 올라가는 것이죠.

금호는 과거에 호남을 대표하는 대기업이었습니다. 호남 사람들엔 긍지와 같은 회사였죠. 삼성의 이병철, LG의 구인회, 롯데의 신격호. 한국 굴지의 대기업 창업주 대부분이 영남 분들이어서 더 그랬던 것 같습니다. 금호가 다시 살아나길 기대합니다.

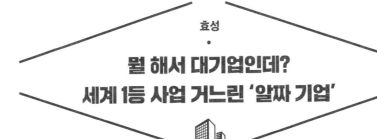

효성
·
뭘 해서 대기업인데?
세계 1등 사업 거느린 '알짜 기업'

기업인 중에 대기만성한 분들이 꽤 있어요. 세계 최대 반도체 기업 TSMC를 54세에 창업한 대만의 모리스 창, 53세에 맥도날드를 공동 창업한 레이 크록, 48세에 인스턴트 라면을 발명한 일본 식품 기업 닛신의 창업주 안도 모모후쿠 등이 대표적인데요. 한국인 중에 꼽으라면 단연 이 사람일 것 같아요. 56세의 나이에 효성을 창업한 조홍제 회장입니다.

효성은 회사 이름은 많이들 들어보셨을 텐데, 실제로 뭘 하는 회사인지 제대로 아는 분은 별로 없죠. 효성이 하는 사업은 소비재가 거의 없고, 기업에 물건을 납품하는 B2B 위주로 이뤄져 있습니다. 심지어 세계 1등 사업을 하고 있어요. 쫄쫄

이 레깅스 소재인 스판덱스, 타이어에 들어가는 타이어 코드, 자동차 에어백 원단 등을 납품하고 있습니다. 더 놀라운 건 이 회사가 한국 최고 부자 가문에, 한국 최고 인맥과 혼맥으로 얽혀 있다는 사실이죠. 까면 깔수록 이야깃거리가 나오는 효성입니다.

우선 창업주 조홍제 회장을 살펴볼게요. 이분의 고향이 경상남도 함안인데요. 주변에 한국 최고 부자들이 몰려 살았습니다. 함안, 진주, 의령이 다 붙어 있는데 진주에서 구인회 LG 창업주와 허만정 GS 창업주가 나고 자랐고, 의령에선 이병철 삼성 창업주가 태어났어요. 조홍제 회장은 이병철 회장의 형 이병각 씨와 친구였습니다. 해방 직후인 1948년 이병철 회장이 삼성물산을 창업할 때 사업 자금을 대주면서 같이 동업도 했습니다. 당시 직급이 이병철 사장, 조홍제 부사장이었어요. 삼성물산에서 무역업으로 돈을 많이 번 뒤엔 제일제당과 제일모직 설립에 주도적 역할을 했고, 제일제당 사장도 했죠.

삼성이 한국 최고의 기업으로 성장하는 데 큰 지분이 있다고 봐야겠죠. 하지만 동업이란 게 끝이 안 좋을 때가 많잖아요. 이 두 사람도 그랬어요. 1962년 이병철 회장이 '단돈' 3억 원에 동업을 끝내자고 제안합니다. 조홍제 회장으로선 14년간 동업했고, 사업 자금도 본인이 많이 대줬고, 심지어 회사를 키우는 데 크게 일조했는데 나가라고 하니 얼마나 서운했겠어요. 소송까지 생각했다가 접고 나와서 뒤늦게 설립한 게 효성입니다. 삼성보다 더 빛나는 별이 되기 위해 회사 이름을 효성으로 지었다는 말도 있어요.

조흥제 회장은 효성을 세우고 제일제당처럼 제분업도 했고, 무역업도 했는데요. 1966년에는 울산에 동양나일론이란 이름으로 공장을 세웁니다. 결정적으로 나일론 사업에 뛰어들어 큰 성공을 거둬요. 나일론은 1930년대 미국에서 처음 나온 합성섬유입니다. 합성섬유는 석유화학물로 만든 가느다란 실이에요. 당시 나일론을 처음 판매한 듀폰은 "거미줄보다 가늘고, 강철보다 강하다"라고 광고했어요. 천연섬유에 비해 훨씬 질기고 잘 끊어지지 않기 때문이죠. 나일론이 널리 쓰이게 된 건 여성 스타킹 소재로 쓰이면서부터였어요. 이후에 가방이나 옷의 소재로도 엄청나게 많이 쓰였고요. 또 산업용 소재로 활용 범위가 넓어지면서 효성의 나일론 사업은 큰 성공을 거둡니다.

효성은 나일론뿐만 아니라 나중에 한국타이어가 되는 타이어 사업도 해요. 타이어의 내구성을 높여주는 역할을 하는 타이어 코드, 군화나 부츠 소재를 만드는 피혁, 전력망 설비 사업 등으로 사업을 확장하고요. 한때 재계 서열 10위권에 들 정도로 사세가 커져요. 한때라고 쓴 건 지금은 순위가 많이 내려갔기 때문입니다. 효성은 한국타이어와의 계열 분리, 경영권 분쟁 등으로 한때 큰 어려움을 겪었어요.

조홍제 회장에겐 아들이 셋 있었는데요. 장남인 조석래 회장에게 그룹을 물려줬어요. 둘째인 조양래 회장에겐 한국 타이어를 계열 분리해서 떼어줬고요. 지금은 한국앤컴퍼니로 이름이 바뀌었죠. 셋째 조욱래 회장은 대전피혁을 물려받았는데, 사업이 잘되진 않은 것 같습니다. 첫째 조석래 회장은 부친인 조홍제 회장과 같이 사업을 해서 2세가 아니라 1.5세란 말도 들어요. 현재 세계 1위 사업인 스판덱스, 타이어 코드 등을 조석래 회장이 시작했거든요.

조석래 회장도 '대기만성' 스타일입니다. 원래 이분은 기업인이 아니라 교수나 학자가 되고 싶었다고 해요. 일본 와세다대학교에서 화학공학을 전공했고, 미국 일리노이대학교에서 화학공학 석사도 했어요. 박사 과정을 준비하고 있다가 1966년에 부친인 조홍제 회장이 "한국에 돌아와서 사업을 도와라"라고 해서, 부랴부랴 짐을 싸서 들어왔다고 합니다.

1966년이면 앞에서 동양나일론 설립 때라고 했잖아요. 당시에 한국은 나일론을 만드는 기술이 당연히 없었습니다. 독일에서 설비와 기술을 들여왔는데, 조홍제 회장이 공장 설계와 운영을 독자적으로 하겠다고 나섰어요. 당시에는 큰 도전이었던 게, 공장을 지으려고 외국에서 큰돈을 빌렸거든요. 잘 안되면 쫄딱 망할 수도 있었어요. 조홍제 회장이 얼마나 맘을 졸였는지, 첫 공장 시운전 때 직접 가지도 못했다고 합니다. 당시 조석래 상무가 화학공학 전문가였고, 아들이었으니 믿고 보냈다고 해요.

조석래 회장은 엔지니어, 기술자였으니까 당연히 기술에 관심이 많았어요. 한국에 들어온 이듬해인 1967년에 결혼해서 신혼여행을 갔는데요. 신혼여행지가 동양나일론 기술자들이 제조 공법을 배우고 있었던 이탈리아 '포를리(Forlì)'란 곳이었어요. 여기서 다른 직원들과 밤늦게까지 기술을 갖고 토론했다고 합니다.

조석래 회장은 나일론 기술을 빠르게 익힌 뒤에 또 다른 합성섬유인 폴리에스터로 기술을 확장해요. 폴리에스터는 나일론과 유사한데, 가격이 좀 더 저렴하고 염색이 잘 된다는 장점이 있어 옷 소재로 많이 쓰입니다. 또 이러한 응용 제품이 아닌 석유화학 분야까지 진출해 폴리프로필렌 사업에도 도전해요. 폴리프로필렌은 쉽게 말해 플라스틱 원료인데요. 열에 강해서 음식 담는 용기로 많이 쓰이죠.

1978년에는 나일론을 소재로 타이어 코드 국산화에도 성공하면서 결국 세계 1등까지 했죠. 또 컸던 게 현재 효성의 주력 사업인 스판덱스도 있어요. 줄여서 '스판'이라고도 하죠. 1992년에 세계에서 네 번째로 스판덱스 개발에 성공해요. 스판덱스 사업은 코로나19 팬데믹 때 '대박'을 터뜨려서 2021년

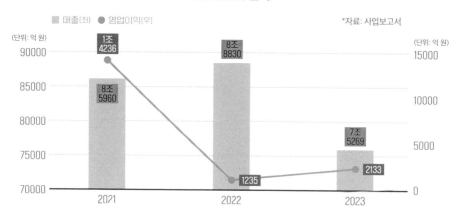

효성티앤씨 실적

■ 매출(좌) ● 영업이익(우)　　　　　　　　　　　*자료: 사업보고서

(단위: 억 원)

연도	매출	영업이익
2021	8조5960	1조4236
2022	8조8830	1235
2023	7조5269	2133

에는 연간 영업이익 1조 4,000억 원을 달성하기도 했어요. 스판덱스가 레깅스의 주된 소재거든요. 나일론이 스타킹으로 꽃을 피웠다면, 스판덱스엔 레깅스가 있었어요.

　조석래 회장은 2024년 3월 말 세상을 떠났습니다. 이제 3세인 조현준 회장과 그 동생인 조현상 부회장이 회사를 책임져야 해요. 사실 이들 형제 사이에 둘째 조현문 씨가 있었는데, 부친과 형의 경영 방침에 맞서 싸우다가 2011년에 축출됐어요. 이때 경영권 분쟁을 벌이면서 그룹이 검찰 수사도 받고 굉장히 힘든 시기를 보냅니다.

　조석래 회장은 오랜 기간 암 투병을 했는데요. 일찍부터 계열 분리를 염두에 뒀어요. 효성은 2세 때 회사를 효성과 한국타이어로 분리했잖아요. 3세 때는 스판덱스 사업을 하는 효성티앤씨를 비롯해 송배전 설비 사업을 하는 효성중공업, 석유화학 사업을 하는 효성화학 등을 형인 조현준 회장이 가져가고, 동생인 조현상 부회장은 타이어 코드 사업을 하는 효성첨단소재 등을 맡기로 했어요.

문제는 조석래 회장 사후 효성 계열사들이 전반적으로 어려워졌다는 것이죠. 효성티앤씨는 코로나19 때 대박이었다고 했는데요. 2022년부터 레깅스 열풍이 조금 꺾인 데다, 중국에서 무식할 만큼 스판덱스를 찍어내서 공급과잉 상태가 됐어요. 조 단위로 이익을 냈던 게 2023년 기준으로 2,100억 원으로 쪼그라들었어요. 이것도 적은 건 아닌데, 스판덱스 사업이 돈을 쭉쭉 벌어줘야 다른 사업에 적극적으로 투자가 가능합니다.

효성화학은 이익이 감소하다 못해 수천억 원씩 적자가 나고 있어요. 효성화학은 폴리프로필렌 등 석유화학 사업을 하는데요. 이 분야도 중국에서 제품이 너무 많이 나와 공급과잉 상태가 이어지고 있어요. 수요는 크게 늘지 않는데 공급은 넘쳐나니까 한동안 손해보면서 팔았어요. 또 다른 캐시카우인 효성첨단소재는 타이어 코드가 잘 안 팔려서 2021년 4,000억 원대 이익을 낸 뒤에 계속 감소해서 2023년에는 영업이익이 1,000억 원대 수준에 불과했어요.

효성은 화려하진 않지만 굉장히 탄탄한 사업을 일궈왔어

효성 3세 경영자의 계열사	
조현준 회장	효성티앤씨, 효성중공업, 효성화학, 효성아이티엑스, 효성티엔에스, FMK
조현상 부회장	효성첨단소재, HIS, 효성도요타, 홀딩스USA, 광주일보, 비나 물류법인

요. 앞으로도 그럴 겁니다. 효성은 그룹 차원에서 수소 사업을 키우고 있는데요. 효성중공업을 통해서 기체 상태인 수소를 액체 상태로 바꿔서 에너지원으로 쓰기 좋게 하는 사업을 벌이고 있어요. 수소는 청정에너지여서 앞으로 활용 범위가 빠르게 넓어질 예정입니다.

조현상 부회장이 이끄는 효성첨단소재는 탄소섬유 사업을 키운다고 해요. 탄소섬유는 '슈퍼섬유'로도 불리죠. 탄소로 만든 실이라고 보면 됩니다. 과거 나일론 광고할 때처럼 강철보다 강하다고 했는데, 이건 실제로도 그렇습니다. 항공기 소재로 쓰여요. 이 시장은 일본 도레이가 장악하고 있는데, 효성이 계속 공장 설비를 확장하고 있어요. 이왕이면 이 분야에서도 세계 1등 하면 좋겠습니다.

과연 효성 3세들은 어떻게 회사를 키워갈까요. 조홍제 회장의 바람대로 재계에서 '밝게 빛나는 별'이 될지 자못 궁금해집니다.

대단한 기업의 만만한 성공 스토리
2024-2025 투자자를 위한 대한민국 기업 드렌드

초판 1쇄 2024년 5월 7일 발행

지은이 안재광
펴낸이 김현종
출판본부장 배소라 **책임편집** 황정원 **편집도움** 안진영 **디자인** 김기현
마케팅 최재희 안형태 신재철 김예리 **경영지원** 박정아

펴낸곳 ㈜메디치미디어
출판등록 2008년 8월 20일 제300-2008-76호
주소 서울특별시 중구 중림로7길 4, 3층
전화 02-735-3308 **팩스** 02-735-3309
이메일 medici@medicimedia.co.kr **홈페이지** medicimedia.co.kr
페이스북 medicimedia **인스타그램** medicimedia

ⓒ 안재광, 2024
ISBN 979-11-5706-352-9(03320)